KB260995

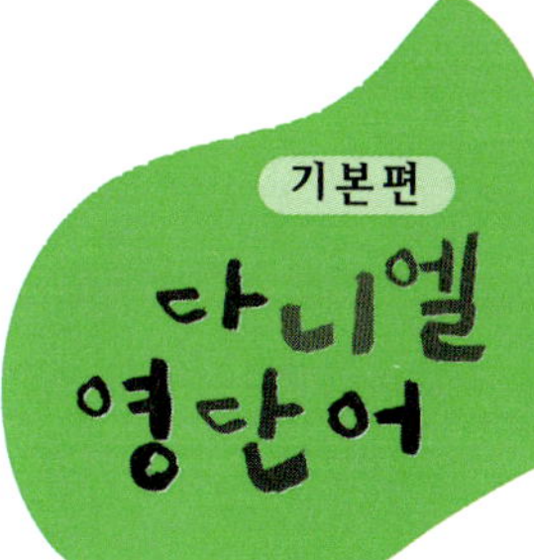

기본편
다니엘
영단어

기본편

다니엘 영단어

초판 1쇄 찍은 날 · 2005년 12월 5일 | 초판 2쇄 펴낸 날 · 2006년 6월 23일

지은이 · 김상일 | **펴낸이** · 김승태

편집장 · 김은주 | **편집** · 이덕희, 정은주 | **디자인** · 이훈혜, 노지현, 김연정 | **제작** · 한정수
영업본부장 · 오상섭 | **영업** · 변미영, 장완철 | **물류** · 조용환, 송승철
드림빌더스 · 고종원, 이민지 | **홍보** · 설지원

등록번호 · 제2-1349호(1992. 3. 31.) | **펴낸 곳** · 예영커뮤니케이션
주소 · (110-616) 서울 광화문우체국 사서함 1661호 | **홈페이지** www.jeyoung.com
출판사업부 · T. (02)766-8931 F. (02)766-8934 e-mail: jeyoungedit@chol.com
출판유통사업부 · T. (02)766-7912 F. (02)766-8934 e-mail: jeyoungsales@chol.com

copyright © 2006, 김상일

ISBN 89-8350-688-1 (53740)

값 6,500원

성경 암송을 통한
기적의 영단어 암기법!

중고등 필수 단어를 중요도순으로
말씀과 문법을 함께 배우는 1석3조 영단어집

기본편

다니엘
영단어

김상일 지음

예영커뮤니케이션

가슴이 아팠습니다

이 시대를 사는 신앙인이며, 사회 사업가이자 청소년 교육자로서 청소년들이 성적 비관, 왕따 등을 이유로 하나님께서 주신 귀한 생명을 포기하는 사건들을 접할 때마다 안타까운 마음이 들었습니다. 이들의 영혼을 살리고, 생명을 살리며 자신감을 가지고 영어 공부를 가장 잘하게 하는 방법이 없을까 하여 이 책을 집필하게 되었습니다.

생각해 봅시다. 그 많은 단어를 하루에 외워서 쓰던 K군. 다음날 다시 물어보면 깡그리 잊어 버린다고 고민합니다.

한 번 외우면 잊지 않는 방법이 없을까? 영어 실력을 단어가 좌우한다는 게 저의 영어 학습 철학인데 말입니다.

딸아이 앞에서 공부를 너무하지 않는다고 눈물을 흘리던 어떤 학부모님. 순종하는 자녀를 만들 수 없을까? 하는 고민으로 마음 아파하십니다. 재미있게 공부하는 방법이 없을까?

이 책에 그 해답을 담았습니다.

공부의 목적과 의미를 알게 되면 학생들은 매우 열심히 공부합니다. 가슴 판에 새겨지는 생명과 같은 말씀을 통해 예문을 통째로 외워야 합

니다. 영단어는 머리로 외우지 말고, 가슴으로 지혜롭게, 땀을 흘려가며 단어를 쓰면서 암기해야 합니다. 그래야 절대로 잊어버리지 않습니다.

**중·고등 8종 교과서 철저 분석,
1200개 단골 단어에 성경 예문을 통해 2500단어까지 독파**

시험 점수에 직접 연결되는 단어를 품사 순으로 담았습니다. 기본 단어는 1200개이지만 파생어, 비교급, 동사 과거형을 담아서 내신 및 대학 입시에 도움이 되도록 했습니다. 2500개의 단어를 가장 쉽게 외우고 가장 오래 간직하게 하여 영단어 암기의 기적을 일으키고, 틈새 문법 제시를 통한 독해와 연결시키는 한국 최초 말씀 예문 5차원 영단어책입니다.

영단어 암기의 상식을 뒤집는다!!

딱딱하고, 어려운 단어가 쉽게 머리에 들어옵니다. 예를 들자면 opportunity(기회)를 외우려면 잘 암기가 되지 않습니다. 그러나 Make the most of opportunity(세월을 아껴 써라) 라는 말씀을 암기하면 단어 뿐만 아니라, 문장 형태와 그 뜻까지 가슴에 새기게 되어 절대 잊어버리지 않습니다.

이 책을 통해 합격의 영광을 얻고, 인생에서 아름다운 성공을 하시기 바랍니다.

끝으로 부족한 저에게 이 책을 쓰도록 지혜를 주신 하나님께 감사와 영광을 들리며 예영 커뮤니케이션 김승태 사장님께 감사 드립니다.

2005년 12월
김상일

Part 1
최고 중요명사
내신에서 점수를 좌우하는
220개 최고 중요 명사

1 **earth** [əːrθ]

(명) 지구, 이승, 토양 | (형) earthen 흙으로 만든
heaven and earth 천국과 현세

In the beginning God created the heavens and the earth(Genesis 1:1)

태초에 하나님께서 하늘과 땅을 창조하셨습니다(창 1:1)

✔ earth는 하나밖에 없으므로 the를 쓴다.

2 **god** [gɑd]

(명) 신, 창조주, 조물주 | (명) Goddess 여신
The almighty God 전지전능의 하나님

The LORD God formed the man from the dust of the ground(Genesis 2:7)

여호와 하나님께서 땅의 흙으로 사람을 지으셨습니다(창 2:7)

3 **ground** [graund]

(명) 지면, 땅(=land), 기초
fall to the ground 땅에 떨어지다.

The one who hears my words and does not put them into practice is like a man who built a house on the ground without a foundation(Luke 6:49)

내 말을 듣고도 그대로 행하지 않는 사람은 기초 없이 땅위에 집을 지은 사람과 같다(눅 6:49)

✔ who hears와 who built에서 who는 주격 관계대명사이다.

4 **clothes** [klouðz]

(명) 의복, 옷 | (동) clothe 옷을 입히다.
two suits of clothes 두벌의 옷

Life is more than food, and the body more than clothes(Luke 12:23)

목숨이 음식보다 중요하고, 몸이 옷보다 중요하다(눅 12:23)

5 **bone** [boun]

(명) 뼈, 골절
flesh and bone 뼈와 살

This is now **bone** of my bones and flesh of my flesh (Genesis 2:23)

내 뼈중에 뼈요, 내 살중에 살이로구나(창 2:23)

---

6 **faith** [feiθ]

(명) 신용, 신뢰(=confidence) | (형) faithful 충실한, 성실한
The righteous will live by **faith**(Galatians 3:11)
믿음으로 의롭다 여김을 받은 사람은 살 것이다(갈 3:11)
✔ The righteous는 righteous people을 나타내며 복수 취급한다.

---

7 **transgression** [trænsgréʃən]

(명) 위반, 반칙, 범죄 | (동) transgress 위반하다.
I, even I, am he who blots out your **transgressions**, for my own sake, and remember your sin, no more(Isaiah 43:25)

내가 바로 너희의 모든 죄를 용서하는 하나님이다. 너희 죄를 용서하는 것은 나를 위한 것이니 너희의 죄를 기억하지 않겠다(사 43:25)
✔ no more는 "더 이상~하지 않는"으로 해석한다.

---

8 **nation** [néiʃən]

(명) 국가, 국민, 민족(=race) | (형) national 국민의, 국가적인
industrial nation 공업국

I will make you into a great **nation**(Genesis 12:2)

내가 너를 큰나라로 만들어주고(창 12:2)

9 compassion [kəmpǽʃən]

(명) 연민, 동정(=pity)
compassionate (형) 동정적인(=sympathetic)
have compassion on 측은히 여기다

When Jesus landed and saw a large crowd, he had compassion on them, and healed their sick(Matthew 14:14)

예수님께서는 그들을 불쌍히 여기시고 병든 사람들을 고쳐 주셨습니다(마 14:14)

---

10 promise [prάmis]

(명) 약속, 촉망 | (형) promising 유망한
Keep one's promise 약속을 지키다

So that by faith we might receive the promise of the spirit(Galatians 3:14)

우리로 하여금 하나님께서 약속하신 성령을 믿음으로 받게 하기위해(갈 3:14)

---

11 success [səksés]

(명) 성공, 출세, 형통 | (형) successful 성공적인
make a success of 을 해내다

The LORD gave him success in whatever he did(Genesis 39:23)

여호와께서는 요셉이 무슨 일을 하든 성공하게 만드셨습니다(창 39:23)

✔ whatever는 복합관계대명사이며 "무엇이든지"로 해석한다.

---

12 strength [streŋkθ]

(명) 세기, 능력, 힘 | (형) strong 힘센, 剛한
on the strength of ～에 의지하여

The LORD is my strength, and my song(Exodus 15:2)

여호와께서는 나의 힘, 나의 노래시며(출 15:2)

13 **crimson** [krímzn]

(명) 진홍색 | (동) 진홍색이 되다

Though they are red as crimson, they shall be like wool(Isaiah 1:18)

너희죄가 진홍색처럼 붉을지라고 양털처럼 희어질 것이다(사 1:18)

✔ though는 ~일지라도, as는 ~처럼으로 해석된다.

---

14 **blood** [blʌd]

(명) 피, 혈액 | (형) bloody 유혈의, 혈액
the circulation of blood 혈액순환

The life of a creature is in the blood(Leviticus 17:11)

몸에 생명은 피에 있기 때문이다(레 17:11)

---

15 **neighbor** [néibər]

(명) 이웃사람, 근처사람 | (명) neighborhood 이웃

Love your neighbor as yourself(Leviticus 19:18)

네 이웃을 네 몸과 같이 사랑하여라(레 19:18)

---

16 **peace** [piːs]

(명) 평화, 평강, 태평 | (형) peaceful 평화로운
a peace advocate 평화론자

The LORD gives you peace(Numbers 6:26)

너에게 평화를 주시기를 빈다(민 6:26)

17 **wrong** [rɔːŋ]

(명) 악, 죄, 비행
do wrong 나쁜짓 하다

Hatred stirs up dissensions, but love covers over all wrongs (Proverbs 10:12)

미움은 다툼을 일으키나, 사랑은 모든 허물을 덮는다(잠 10:12)

---

18 **soul** [soul]

(명) 영혼, 생기, 활력
immortality of the Soul 영혼불멸

You will find him if you look for him with all your heart and with all your soul(Deuteronomy 4:29)

하나님을 찾으려면 온몸과 마음을 다해 찾아야 할 것이요(신 4:29)

---

19 **heart** [haːrt]

(명) 심장, 애정 | (부) heartily 마음으로부터, 정중히
a weak heart 허약한 심장

Love the LORD your God with all your heart
(Deutoronomy 6:5)

여러분 하나님 여호와를 마음을 다하여 사랑하시오(신 6:5)

---

20 **year** [jiəːr]

(명) 해, 년 연령(=age)
all year round 일년 내내

During the forty years I led you through the desert
(Deutoronomy 29:5)

여호와께서는 여러분을 사십 년 동안 광야 가운데로 인도하셨소
(신 29:5)

21 **voice** [vɔis]

명 음성, 목소리 | 형 voiceless 무성의, 벙어리의
a good voice 좋은 목소리

You may love the LORD your God, Listen to his voice
(Deutoronomy 30:20)

여러분의 하나님 여호와를 복종하시고 사랑하시오(신 30:20)

22 **land** [lænd]

명 육지, 토지, 땅(=ground)
go on the land 농부가 되다

And he will give you many years in the land he swore
to give your fathers, Abraham, Isaac and Jacob
(Deutoronomy 30:20)

여호와께서 여러분의 조상 아브라함과 이삭과 야곱에게 주겠다고 맹
세하신 땅에서 여러분이 살 수 있을 것이다(신 30:20)

23 **rock** [rɑk]

명 바위, 암석 | 형 rocky 바위투성이의, 바위로 된
the rock of age 영원한 반석

There is no rock like our God(1 Samuel 2:2)

우리 하나님과 같이 든든한 분도 없습니다(삼상 2:2)

✔ There is+no+명사는 "명사가 없다"뜻을 가진 1형식 문장이다.

24 **sight** [sait]

명 보기, 시력, 광경 | 형 sightly 전망이 좋은, 외모가 좋은

Do what is right and good in the LORD's sight
(Deutoronomy 6:18)

여호와께서 보시기에 올바르고 좋은 일을 하시오(신 6:18)

✔ what은 관계대명사이며 그 의미는 "~하는 것"이다.

25 trouble [trʌ́bəl]

명 걱정, 고민, 수고, 분쟁(=distress)
What is the trouble with you? 무슨 걱정 있습니까?

So may the LORD deliver me from all trouble
(1 Samuel 26:24)

여호와께서는 모든 어려운 일에서 나를 구해 주실 것입니다
(삼상 26:24)

26 disciple [disáipl]

명 제자, 신도, 문하생 | **동** 제자를 삼다, 훈련시키다(=train)

Taking the five loaves and the two fish and looking up to heaven, he gave thanks and broke the loaves, then he gave them to the disciples(Matthew 14:19)

예수님께서는 빵 다섯개와 생선 두마리를 손에들고 하늘을 바라보며 감사 기도를 드리셨습니다. 그 다음에 제자들에게 그것을 떼어 주셨고(마 14:19)

27 way [wei]

명 길, 인도, 통로
on one's way home 집으로 가는 도중
the way to the station 역으로 가는 길

I am the way and the truth and the life(John 14:6)

내가 바로 그 길이요, 진리요, 생명이다(요 14:6)

28 yourself [juəːrsélf]

대 너 자신, 스스로
help yourself to   마음껏 들다

Go wash yourself seven times in the Jordan
(2 Kings 5:10)

요단강으로 가서 일곱번 씻으시오(왕하 5:10)

✔ yourself는 동사 다음에 와서 재귀적 용법으로 사용되었으며 해석은 "스스로"라고 한다.

29 act [ækt]

명 행실, 행위(=deed) 명 action 활동
an act of kindness 친절한 행위

Sing praise to him; tell of all his wonderful acts.
(1 Chronicles 16:9)

그를 찬양하여라, 그가 하신 모든 놀라운 일을 전하여라(대상 16:9)

---

30 pain [pein]

명 아픔, 고통, 외로움, 근심
on pain of death 죽음을 각오한

I will be free from pain(1 Chronicles 4:10)
내가 누구한테도 고통을 당하지 않게 해 주십시오(대상 4:10)

---

31 rest [rest]

명 휴식, 평정, 안식(처) 명 나머지, and the rest 그 나머지
go to rest 잠자리에 들다
take a rest 쉬다
have a good night's rest 밤잠을 푹 자다

But you will have a son who will be a man of peace
and rest(1 Chronicles 22:9)

그러나 너에게 아들을 줄 것인데, 그는 평화의 사람이 될 것이다
(대상 22:9)

✔ who는 주격관계대명사이며 선행사는 a son이다.

---

32 wealth [welθ]

명 부(=riches) 재산, 부유 | 형 wealthy 부유한
a man of wealth 재산가
a wealth of flower 많은 꽃

Wealth and honor come from you(1 Chronicles 29:12)
부와 명예도 주에게서 나오며,(대상 29:12)

33 battle [bǽtl]

몡 전쟁, 싸움, 투쟁(=struggle)
the field of battle 전쟁터
a close battle 정권

For the battle is not yours, but God' s(2 Chronicles 20:15)

이 전쟁은 너희의 전쟁이 아니라 하나님의 전쟁이다(대하 20:15)

---

34 law [lɔː]

몡 법, 법률, 법령
the spirit of the law 법의 정신

Let it be done according to the law(Ezra 10:3)

하나님의 율법대로 하겠습니다(스 10:3)

✔ be done은 수동태이며 그 뜻은 "해지다", "되어지다"이다.

---

35 cloud [klaud]

몡 구름
a bank of cloud 구름 봉우리
drop from the clouds 난데없이 나타나다

By day you led them with a pillar of clouds
(Nehemiah 9:12)

낮에는 구름 기둥으로 인도하셨습니다(느 9:12)

---

36 hope [houp]

몡 희망, 가능성, 소망
gain fresh hope 새로운 희망을 믿다

So the poor have hope(Job 5:16)

그러니 경건한 사람에게는 소망이 있고(욥 5:16)

✔ the poor는 poor people과 같고 그 의미는 "가난한 사람들"이다.

37 **pardon** [pá:rdn]

몡 용서, 관용, 인내
ask a person to pardon 용서 빌다

Why do you not pardon my offenses(Job 7:21)

주님 내 죄를 용서하시고 내 잘못을 없애 주십시오(욥 7:21)

---

38 **courage** [kə́:ridʒ]

몡 용기, 배짱 | 혱 courageous 용기있는 |
동 encourage 격려하다
high courage 대단한 용기

But Jesus immediately said to them, Take courage!
It is I. Don't be afraid(Matthew 14:27)

예수님께서 얼른 그들에게 말씀하셨습니다 "안심하라! 두려워하지
마라"(마 14:27)

---

39 **creation** [kriéiʃən]

몡 창조, 창설, 설립 | 동 create 창조하다
creative 창조적인

Therefore, if anyone is in Christ, he is a creation; the
old has gone, the new has come(2Corinthians)

그러므로 누구든지 그리스도안에 있으면 새로운 창조입니다. 이전것
은 지나갔고 보십시오. 새것들이 와 있습니다(고후 5:17)

---

40 **moment** [móumənt]

몡 순간, 찰나, 일각
for a moment 잠깐 사이
the moment ~하자마자

His anger lasts only a moment(Psalm 30:5)
그분의 분노는 잠깐이지만(시 30:5)

Check up (1~40)

A

주어진 단어의 뜻을 우리말로 쓰세요.

1. earth __________   2. ground __________

3. clothes __________   4. nation __________

5. success __________   6. pain __________

7. yourself __________   8. disciple __________

9. land __________   10. year __________

B

주어진 뜻에 따라 빈칸에 알맞은 단어를 쓰세요.

1. 일년 내내   all y________ round

2. 영원한 반석   the r________ of age

3. 여호와 보시기에   in the LORD's s________

4. 농부가 되다   go on the l________

5. 영혼불멸   immortality of the s________

C

짝지어진 두 단어의 관계가 나머지 것과 다른 것을 고르세요.

1. ① peace – peaceful   ② blood – bloody
   ③ promise – promising   ④ success – succeed

2. ① knowledge – know   ② courage – encourage
   ③ voice – voiceless   ④ sight – see

D

주어진 단어의 뜻으로 가장 알맞은 것을 고르세요.

1. **trouble**	① 명예	② 슬픔	③ 영광	④ 고통
2. **heart**	① 수단	② 성격	③ 전문가	④ 마음
3. **wealth**	① 기술	② 재산	③ 순종	④ 방법
4. **battle**	① 구름	② 전쟁	③ 순간	④ 날개
5. **creation**	① 창조	② 관계	③ 직업	④ 욕심
6. **pardon**	① 진리	② 관용	③ 지식	④ 우정
7. **moment**	① 정신	② 바보	③ 순간	④ 구름
8. **law**	① 재산	② 전쟁	③ 법	④ 구름
9. **rest**	① 영향	② 휴식	③ 승진	④ 기술
10. **sight**	① 기술	② 보기	③ 음성	④ 연령

41 **word** [wəːrd]

명 낱말, 단어, 말, 약속
the mean of the word 낱말의 뜻

My mouth will speak words of wisdom(Psalm 49:3)

나의 입은 지혜를 말하겠고(시 49:3)

✔ of wisdom은 wise로 바꾸어 쓸 수 있으며 "현명한"의 뜻이다.

42 **grave** [greiv]

명 무덤, 묘(=tomb) 죽음, 멸망 | **형** 중요한, 진지한
beyond the grave 저승에서

But God will redeem my life from the grave
(Psalm 49:15)

그러나 하나님은 내 영혼을 무덤에서 건지실 것입니다(시 49:15)

43 **spirit** [spírit]

명 정신, 영혼, 성품, 기분
poor in spirit 마음이 가난한 자

Don't take your Holy spirit from me(Psalm 51:11)

주의 성령을 내게서 거두어 가지 마소서(시 51:11)

44 **fool** [fuːl]

명 바보, 멍청이 | **동** 업신여기다
play the fool with ~을 속이다

The fool says in his heart, "there is no God."(Psalm 53:1)

어리석은 자는 마음속으로 "하나님을 없다"고 말합니다(시 53:1)

✔ There is no 명사는 "명사가 없다"의 뜻으로 주어는 God이다.

45 **nothing** [nʌθiŋ]

(대) 아무것도 ~아닌 것, 무, 허공
have nothing to do with ~와 관계가 없다

Where there were nothing to dread(Psalm53:5)

아무것도 두려워할 것이 없는데(시 53:5)

46 **mouth** [mauθ]

(명) 입, 구강, 말, 출입구
have a fowl mouths 입버릇이 안 좋다

Listen to the words of my mouth(Psalm 54:2)

나의 기도를 들으시고 내 말에 귀 기울여 주소서(시 54:2)

✔ listen은 자동사이기 때문에 the words 앞에 to를 써야한다.

47 **captive** [kǽptiv]

(명) 포로(=prisoner) | (형) 포로된, 감금된 | (명) captivity 감금

To open eyes that are blind, to free captives from prison(Isaiah 42:7)

네가 보지 못하는 사람의 눈을 뜨게 할 것이며, 갇힌 사람을 갇힌데서 풀어주고(사 42:7)

48 **speech** [spiːtʃ]

(명) 말하기, 말씨, 연설
slow of speech 무거운 입

His speech is smooth as butter yet war is in his heart(Psalm 55:21)

그의 말은 버터처럼 매끄러우나 그 마음속은 전쟁이 일어나고 있습니다(시 55:21)

✔ as는 "~만큼"의 뜻을 갖고 있다.

49 care [kεər]

명 근심, 걱정, 우려, 주의
under the care of person 사람의 신세를 지고

Cast your **cares** on the LORD(Psalm 55:22)

여러분의 짐을 여호와께 맡기십시오(시 55:22)

50 account [əkáunt]

명 기사, 이야기, 이유
make much account of ~중요시하다, on account of ~때문에

On no **account** let them escape(Psalm 56:7)

어떤 경우에도 그들이 달아나지 못하게 해 주소서(시 56:7)

51 edge [édʒ]

명 끝머리, 가장자리, 모서리 | **형** edged 날을 세운
be on edge 흥분하고 있다

And begged him to let the sick just touch the **edge** of his cloak, and all who touched him were healed (Matthew 14:36)

예수님의 옷깃에라도 손을 대게 해달라고 매달렸고, 손을댄 사람들은 모두 병이 나았습니다(마 14:36)

✔ beg Ⓐ to Ⓑ : Ⓐ 에게 Ⓑ를 '애걸하다' 이며 be healed는 수동태로서 '치료되다' 로 해석된다.

52 piece [piːs]

명 한장, 한통, 한구획
a piece of chalk 분필 한조각

They all ate and were satisfied. Afterward the disciples picked up seven basketful of broken **pieces** that were left over(Matthew 15:37)

모든 사람이 먹고 배가 불렀습니다. 제자들이 남은 빵 조각을 거두어 들이니 일곱개의 커다란 광주리에 가득찼습니다(마 15:37)

✔ be satisfied는 '만족하다' , be left는 '남다' 로 해석된다.

53 **purpose** [pə́ːrpəs]

명 목적, 의도, 결심 | 부 purposely 일부러, 특별히
동 ~할 작정이다
for the purpose of ~의 목적으로

To God, who fulfills his **purpose** for me(Psalm 57:2)

나를 위한 주의 목적을 이루시는 하나님께(시 57:2)

54 **end** [end]

명 끝, 말단, 목적, 목표 | 형 endless 끝없는, 무한한
the end of a line 줄끝

From the **ends** of the earth, I called to you(Psalm 61:2)

내가 먼지 구덩이에서 주를 부릅니다(시 61:2)

55 **face** [feis]

명 얼굴, 표정, 안색 | 동 직면하다
face to face 마주보고

His **face** shone like the sun, and his clothes became
as white as the light(Matthew17:2)

예수님의 얼굴은 해 같이 빛나고, 옷은 빛처럼 희게 되었습니다
(마17:2)

56 **times** [taimz]

명 (몇)번, 회, 배
dozens of times 몇 십번
times sign 곱셈기호

Trust in him at all **times**, O people(Psalm 62:8)

사람들이여 항상 하나님을 굳게 믿으십시오(시 62:8)

57 **lip** [lip]

⑲ 입술, 말, 참견
button one's lip 입을 다물다

My **lips** will glorify you(Psalm 63:3)

내가 주를 찬양할 것입니다(시 63:3)

58 **people** [píːpl]

⑲ 민족, 국민, 서민
the English people 영국민

May the **peoples** praise you, O God(Psalm 67:3)

모든 민족들이 주께 찬양드리기를 바랍니다(시 67:3)
✔ people은 사람들, peoples는 여러 민족들을 의미한다.

59 **mustard** [mʌ́stərd]

⑲ 겨자, 열정(=zest)

I tell you the truth, if you have faith as small as a
mustard seed, you can say to the mountain.
(Matthew17:20)

내가 너희에게 진정으로 말한다. 너희에게 겨자씨 한 알만한 믿음이
있으면 이산을 향하여 말할 것이다(마17:20)

60 **water** [wɔ́ːtəːr, wát]

⑲ 물, 음료수, 강, 호수 | ⑱ waterless 물이 없는
boiling water 끓는 물

He made **water** flow down like rivers(Psalm 78:16)

강물처럼 풍성히 흐르게 하셨습니다(시 78:16)
✔ make는 5형식에 쓰이면 사역동사(시키다)이고 to flow가 아니라
flow를 쓴다.

sheep [ʃiːp]

(명) 양, 영양, 양처럼 순한 사람 | (형) sheepish 양같이 순한
a lost sheep 길 잃은 양

He led them like sheep through the desert(Psalm 78:52)

하나님께서는 양떼처럼 광야를 가로질러 그들을 이끄셨습니다
(시 78:52)

62

place [pleis]

(명) 장소, 위치, 공간 | (명) placement 배열, 배치 놓기
in places 곳곳에

How lovely is your dwelling place, O LORD Almighty!
(Psalm 84:1)

만군의 여호와여 주가 계시는 곳이 얼마나 아름다운지요(시 84:1)

63

house [haus]

(명) 집, 가정, 주택, 주거
rent a house to live in 살 집을 빌리다

Blessed are those who dwell in your house.
(Psalm 84:4)

주의 집에 사는 사람들은 행복합니다(시 84:4)

64

sun [sʌn]

(명) 태양, 해, 행성, 영광 | (형) sunny 햇볕이 잘 드는
bathe in the sun 일광욕하다

For the LORD is a sun and shield(Psalm 84:11)

여호와 하나님은 우리의 태양이며 방패이십니다(시 84:11)

65 **multitude** [mʌ́ltətʃúːd]

> (명) 다수, 대량 | (형) multitudinous 다수의, 아주 많은
> a multitude of plans 많은 계획

Above all, love each other deeply, because loves covers over a **multitude** of sins(1Peter 4:8)

무엇보다도 서로를 깊이 사랑하십시오. 사랑은 다른 사람의 허물과 죄를 덮어줍니다(벧전 4:8)

66 **back** [bæk]

> (명) 등, 등뼈, 뒤, 후면
> break one's back 등뼈가 부러지다

You turn men **back** to the dust(Psalm 90:3)

주께서 사람들을 흙으로 되돌아가게 하시고(시 90:3)

67 **thousand** [θáuzənd]

> (명) 천, 무수, 다수
> ten thousand 일만

For a **thousand** years in your sight are like a day that has just gone(Psalm 90:4)

주가 보시기에는 천년도 지나간 어제와 같고(시 90:4)

68 **length** [leŋkθ]

> (명) 길이, 키, 기간 | (동) lengthen 길게 늘이다
> the length of a line 선의 길이

The **length** of our days is seventy years of eighty years if we have the strength(Psalm 90:10)

우리의 수명은 칠십년, 힘이 있으면 팔십년이지만(시 90:10)

✔ The length of our days에서 주어는 The length이기에 is(단수 동사)를 쓴다.

69 thanksgiving [θæŋksgíviŋ]

명 (하나님에 대한) 감사, 감사하기, 감사기도
a harvest thanksgiving day 추수감사절

Let us come before him with thanksgiving(Psalm 95:2)

감사의 노래를 부르면서 주 앞에 나아갑니다(시 95:2)

✔ let은 5형식에 쓰이면 사역동사(시키다)이며 come을 쓴다.

70 joy [dʒɔi]

명 기쁨, 즐거움, 환희 | **형** joyful 즐거운
in joy and in sorrow 기쁠 때나 슬플 때나

Shout for joy to the LORD, all the earth(Psalm 100:1)

온 땅이여 여호와께 즐겁게 외치십시오(시 100:1)

71 work [wə́:rk]

명 일, 노동(labor), 작품, 공장 | **형** workable 운전할 수 있는
a man of all work 만능가

There is nothing better for a man than to enjoy his
work (Ecclesiastes 3:22)

사람이 자기 일을 즐기는 것보다 나은 것이 없다(전 3:22)

72 labor [léibər]

명 노동, 노동력, 일, 진통 | **형** laborious 힘드는, 고된
manual labor 손으로 하는 노동

So he subjected them to bitter labor(Psalm 107:12)

여호와는 그들을 쓰라린 괴로움 속에 쳐 넣으셨습니다(시 107:12)

73 **portion** [pɔ́ːrʃən]

⒨ 한조각, 일부, 운명 | ⒨ 나누다 | ⒨ portionless 몫이 없는
a portion of curry and rice 1인분의 카레라이스

You are my portion, O LORD(Psalm 119:57)

여호와여 주는 나의 몫입니다(시 119:57)

74 **priesthood** [priːsthúd]

⒨ 사제직, 사제단
priest 성직자, 신부

But you are a chosen people, a royal priesthood
(1Peter 2:9)

그러나 여러분은 하나님께서 선택하신 민족이며 왕의 제사장입니다
(벧전 2:9)

75 **victory** [víktəri]

⒨ 승리, 극복, 정복
a decisive victory 결정적인 승리

He holds victory in store for the upright(Proverbs 2:7)
그분은 정직한 사람들을 위해 성공을 예비하시고(잠 2:7)

76 **path** [pæθ]

⒨ 길, 소로, 통로, 진로
cross a persons path 남과 마주치다

And, he will make your paths straight(Proverbs 3:6)
그러면 그분이 너의 길을 형통하게 만들어 주실 것이다(잠 3:6)
  ✔ make your paths straight는 V+O+O.C의 5형식 문장이다.

77 **crop** [krɑp/krɔp]

® (농)작물, 수확고, 떼, 무리
plant a crop 농작물을 심다

Honor the LORD with the first fruits of all your **crops** (Proverbs 3:9)

네 재물과 네 수확물이 첫 열매를 드려 여호와를 공경하여라(잠 3:9)

---

78 **fruit** [fruːt]

® 수확, 과일, 열매, 결과 | ® fruitful 결실이 많은
fruit and vegetables 청과

The **fruit** of the righteous is a tree of life(Proverbs 11:30)

의인의 열매는 생명나무라(잠 11:30)

---

79 **grace** [gréis]

® 우아, 고상, 세련(refineness) | ® graceful 우아한, 기품있는
with grace 우아하게

For it is by **grace** you have been saved, through faith and this not from yourselves, it is the gift of God (Ephesians 2:8)

여러분은 하나님의 은혜 안에서 믿음으로 구원을 받았습니다. 여러분 스스로는 자신을 구원할 수 없습니다. 구원은 하나님의 선물입니다(엡 2:8)

✔ It is by grace는 by grace를 강소한 구문이다.

---

80 **course** [kɔːrs]
® 진행, 진로, 순서, 행동방향
a race course 경마장

In his heart a man plans his **course** but the Lord determines his steps(Proverbs 16:9)

사람은 자기 마음에 앞날을 계획하지만 그 걸음을 정하시는 이는 여호와이시다(잠 16:9)

Check up (41~80)

A

주어진 단어의 뜻을 우리말로 쓰세요.

1. captive　__________　　2. mouth　__________

3. grave　__________　　4. speech　__________

5. purpose　__________　　6. care　__________

7. course　__________　　8. crop　__________

9. victory　__________　　10. grace　__________

B

주어진 뜻에 따라 빈칸에 알맞은 단어를 쓰세요.

1. 청과　　　　　　　　f________ and vegetable

2. 결정적 승리　　　　a decisive v________

3. 기쁠 때나 슬플 때나　in j________ and in sorrow

4. 만능가　　　　　　　a man of w________

5. 선의 길이　　　　　the l________ of a line

C

짝지어진 두 단어의 관계가 나머지 것과 다른 것을 고르세요.

1. ① long – length   ② laborious – labor
   ③ purpose – purposely   ④ accountable – account

2. ① edge – edges   ② mouth – mouths
   ③ fool – foolish   ④ place – places

D

주어진 단어의 뜻으로 가장 알맞은 것을 고르세요.

① 바보	② 끝, 말단	③ 민족	④ 물
⑤ 천	⑥ 태양	⑦ 양	⑧ 감사
⑨ 수확	⑩ 사제		

1. priesthood__________   2. fool __________

3. end __________   4. thanksgiving__________

5. sun __________   6. water __________

7. thousand __________   8. people __________

9. sheep __________   10. crop __________

81 **plan** [plæn]

명 계획, 방법, 도면 | 명 planner 계획자
a concrete plan 구체적 계획

Many are the plans in a man's heart(Proverbs 19:21)
사람의 마음에는 많은 계획이 있지만(잠 19:21)

82 **pleasure** [pléʒər]

명 즐거움, 만족, 오락 | 형 pleasant 즐거운, 유쾌한
pleasure and pain 고락

He who loves pleasure will become poor(Proverbs 21:17)
쾌락을 좋아하는 자는 궁핍해지고(잠 21:17)
✔ who는 관계대명사이며 주격이기 때문에 다음에 동사가 온다.

83 **life** [laif]

명 목숨, 생명, 한 목숨, 생활
eternal life 영원한 생명

Listen to your father, who gave you life(Proverbs 23:22)
너를 낳은 아버지에게 순종하고(잠 23:22)

84 **power** [páuər]

명 능력, 힘, 특별한 재능, 정력 | 형 powerful 유력한, 강한
a man of varied powers 다재다능한 사람

A wise man has a great power(Proverbs 24:5)
지혜로운 사람이 힘센 자보다 낫고(잠 24:5)

85 accordance [əkɔ́ːrdəns]

몡 일치, 조화, 적합(conformity)
in accordance with ~에 일치하여

In him we have redemption through his blood, the forgiveness of his sins, in accordance with the riches of God's grace(Ephesians 1:7)

그리스도 안에서 우리는 그의 보혈로 자유함을 얻었습니다. 또한 하나님의 풍성한 은혜로 죄사함도 받았습니다(엡 1:7)

86 happiness [hǽpinis]

몡 행복, 만족, 기쁨 | **뷔** happily 행복하게
have a happy time 행복하게 지내다

To the man who please him, God gives wisdom, knowledge and happiness(Ecclesiastes 2:26)

하나님께서 보시기에 좋은 사람에게는 지혜와 지식과 행복을 주시지만(전 2:26)

✔ who는 관계대명사이며 다음에 동사가 와서 주격이다.

87 treasure [tréʒəːr]

몡 보물, 재산, 귀중품

I will give you the treasure of darkness, riches stored in secret place(Isaiah 45:3)

감추어진 보물을 너에게 주며 숨겨진 재물을 너에게 주겠다(사 45:3)

✔ stored는 riches를 수식하는 과거분사이며 "저장된" 이라는 뜻이다.

88 bread [bred]

몡 빵, 음식
beg one's bread 걸식하다

Man does not live on bread alone, but on every word that comes from the mouth of God(Matthew 4:4)

사람이 빵으로만 살 것이 아니라 하나님의 입에서 나오는 모든 말씀으로 살 것이다(마 4:4)

✔ that은 주격관계대명사이며 다음에 동사가 온다.

89 salt [sɔːlt]

(명) 소금, 식염, 염제 | (형) salty 짭짤한
a talk full of salt 재치 있는 이야기

You are the salt of the earth(Matthew 5:13)

너희는 세상의 소금이다(마 5:13)

90 someone [sʌ́mwʌ̀n]

(명) 누군가, 어떤 사람
someone knocking at the door 문을 두드리는 사람

If someone strikes you on the right cheek, turn to him the other also(Matthew 5:39)

만일 누가 네 오른쪽 뺨을 때리거든 다른 뺨도 돌려 대라(마 5:39)

91 enemy [énəmi]

(명) 적, 원수, 해치는 것, 해로운 것
a natural enemy 천적

Love your enemies and pray for those who persecute you(Matthew 5:44)

너희의 원수를 사랑하여라. 너희를 박해하는 사람들을 위해 기도하여라(마 5:44)

✔ who는 주격관계대명사이며 다음에 동사가 온다.

92 mind [maind]

(명) 마음, 정신, 기억력, 인간 | (형) minded ~하고 싶은
make up one's mind 결심하다

Love the LORD your God with all your heart and with all your soul and with all your mind(Matthew 22:37)

네 모든 마음과 모든 목숨과 모든 정성을 다해서 네 하나님을 사랑하여라(마 22:37)

93 truth [tru;ʌ]

⟨명⟩ 진리, 진실, 사실 | ⟨형⟩ truthful 정직한, 성실한
a scientific truth 과학적 진리

You will know the truth, and the truth will set you free(John 8:32)

너희는 진리를 알게 되고 진리가 너희를 자유롭게 할 것이다(요 8:32)

✔ set you free는 V+O+O.C 구조로 "자유롭게 해주다"는 뜻이다.

94 person [pÁ;rs%n]

⟨명⟩ 사람, 인간, 인물, 신체 | ⟨형⟩ personal 개인의, 사적인
an important person 중요한 사람

God will give to each person according to what he has done(Romans 2:6)

하나님께서는 각 사람이 행한대로 갚아주실 것입니다(롬 2:6)

✔ what은 관계대명사로서 "~하는 것"으로 해석한다.

95 order [≤;rd%r]

⟨명⟩ 명령, 지휘, 순서, 주문 | ⟨형⟩ orderly 순서, 바른, 정연한
keep order 질서를 유지하라

We share in his sufferings in order that we may also share in his glory(Romans 8:17)

우리는 그리스도께서 누리시는 영광에 참여하기 위해 그분이 겪으신 고난에도 참여하는 것이다(롬 8:17)

✔ in order that 주어 + may는 '주어가 ~하려고'라고 해석한다.

96 cross [kr∞;s]

⟨명⟩ 십자가, 그리스도 수난 | ⟨형⟩ crossed 열십자로 놓인, 교차한
take up the cross 고난을 감수하다

The message of the cross is foolishness to those who are perishing(1 Corinthians 1:18)

십자가에 관한 말씀이 멸망할 사람들에게는 어리석은 것에 불과하지만(고전 1:18)

✔ who는 주격관계대명사로서 다음에 동사가 온다.

97 **world** [wəːrld]

명 세계, 지구
all over the world 전 세계적으로

God chose the weak things of the world to shame the strong(1 Corinthians 1:27)

세상에 강한 것들을 부끄럽게 하시려고 약한 것을 선택하셨습니다
(고전 1:27)

✔ to shame '부끄럽게 하려고' 의미를 가진 부정사의 부사적용법이다.

98 **fellow** [félou]

명 친구, 동료, 사나이 | **명** fellowship 교제, 친교, 친목
a good fellow 좋은 남자

We are God's fellow workers(1 Corinthians 4:9)

우리는 하나님의 동역자요(고전 4:9)

99 **field** [fiːld]

명 들판, 벌판, 터
flowers of the field 들꽃

You are God's field, God's building(1 Corinthians 4:9)

너희는 하나님의 밭이요, 하나님의 집이니라(고전 4:9)

100 **example** [igzǽmpəl]

명 예, 보기, 실례
for example 예를 들자면

Follow my example, as I follow the example of Christ.
(1 Corinthians 11:1)

내가 그리스도의 본을 따른 것처럼 여러분도 나의 본을 따르시오
(고전 11:1)

101 **company** [kʌ́mpəni]

명 일행, 교제, 회사, 동료
be good company 사귐성이 좋다

Bad company corrupts good character(1 Corinthians 15:33)

나쁜 친구를 사귀면 좋은 습관도 나쁘게 됩니다(고전 15:33)

102 **sense** [sens]

명 감각, 관능, 느낌, 의식 | 형 senseless 감각 없는
have keen senses 감각이 날카롭다

Come back to your senses as you ought, and stop sinning(1 Corinthians 15:34)

정신을 똑바로 차리고 죄짓지 마십시오(고전 15:34)

103 **virgin** [və́:rdʒin]

명 처녀, 아가씨, 동정녀 | 형 virginal 처녀다운
virgin modesty 얌전함

The virgin will be with child and will give birth to a son, and they will call him Immanuel(Matthew 1:23)

보라 처녀가 임신하여 아들을 낳을 것이며 사람들이 그의 이름을 임마누엘 이라고 부를 것이다(마 1:23)

✔ call him Immanuel은 V+O+O.C의 5형식구조이다.

104 **everything** [évriθìŋ]

명 모든 것, 무엇이든지, 모두, 가장 소중한 것
above everything 무엇보다도

Do everything in love(1 Corinthians 16:14)

모든 일을 사랑으로 하십시오(고전 16:14)

105 anyone [éniwʌ̀n]

ⓜ 누군가, 누구든지
Anyone could solve the problem 그 문제는 누구든지 풀 수 있다

If anyone is in Christ, he is a new creation
(2 Corinthians 5:17)

그러므로 누구든지 그리스도 안에 있으면 새로운 창조입니다(고후 5:17)

---

106 nature [néitʃər]

ⓜ 자연, 천연, 성질, 본성 | ⓗ natural 자연의, 자연적인
the beauties of nature 자연의 미관

For the sinful nature desires what is contrary to the spirit. (Galatians 5:17)

육체의 욕망은 성령을 거스리고(갈 5:17)

✔ what은 관계대명사로서 '~하는 것'이라고 해석한다.

---

107 himself [himsélf]

ⓓ 그 자신, 스스로
come to himself 제 정신이 들다

He who loves his wife loves himself(Ephesians 5:28)

자기 아내를 사랑하는 자는 곧 자신을 사랑하는 것입니다(엡 5:28)

✔ who는 주격관계 대명사로서 다음에 동사가 온다.

---

108 parent [pɛ́ərənt]

ⓜ 부모, 조상, 선조 | ⓗ parental 어버이의
our first parent 인류의 시조

Children, obey your parents in the LORD, for this is right. (Ephesians 6:1)

자녀들은 부모에게 순종하십시오. 이것이 주님을 믿는 사람으로서 옳게 행하는 일입니다(엡 6:1)

109 **need** [niːd]

명 요구, 결핍, 부족 | 형 needy 빈궁한, 빈곤한
The need to pay taxes 납세의무

And my God will meet your needs(fhilippians 4:19)

하나님께서 여러분이 필요로 하는 모든 것을 풍족히 채워주실 것입니다. (빌 4:19)

110 **husband** [hʌzbənd]

명 남편
a devoted husband 애처가

Husbands, love your wives and do not be harsh with them(Colossians 3:19)

남편들은 아내를 사랑하고 부드럽게 대하며 아껴 주십시오(골 3:19)

111 **children** [tʃildrən]

명 어린아이들, 아동들, 자식들

Children, obey your parents in everything
(Colossians 3:20)

자녀들은 모든 일에 부모에게 순종하십시오(골 3:20)

112 **guest** [gest]

명 손님, 방문객, 초대객
the guest of honor 주빈

Prepare a guest room for me(Philemon 1:22)

내가 가서 머물 곳도 준비해주면 고맙겠습니다(몬 1:22)

✔ prepare~은 명령문으로서 "예비(준비)하라"뜻이며 주어가 생략되어 있다.

113 something [sʌ́mθiŋ]

(명) 어떤 것, 그 무엇, 조금
something to drink 마실 것

God had planned something better for us(Hebrews 11:40)

하나님께서 우리에게 더 좋은 것을 예비하시고(히 11:40)

---

114 everyone [évriwʌ̀n]

(대) 누구든지, 누구나

Everyone should be quick to listen, slow to speak and slow to become angry(James 1:19)

형제 여러분 다른 사람의 말은 빨리 듣고, 자신의 말은 천천히 하시오. 쉽게 화를 내지 말기 바랍니다(약 1:19)

✔ should는 "~해야 한다"의 의미를 가진 조동사이다.

---

115 grass [grɑːs]

(명) 목초, 풀, 초원
blades of grass 풀잎

All men are like grass, and all their glory is like the flowers of the field; the grass withers and the flowers fall(1 Peter 1:24)

모든 인간은 풀과 같고, 그들의 권력도 들에 핀 꽃과 같으니 풀은 시들고 꽃은 떨어지나(벧전 1:24)

---

116 tree [triː]

(명) 나무, 수목, 고목
the tree of life 생명의 나무

He himself bore our sins in the body on the tree (1 Peter 2:24)

몸소 우리 죄를 짊어지고 십자가에 달려 돌아가심으로 (벧전 2:24)

117 light [lait]

명 빛, 광선, 밝기 | 동 lighten 밝게 하다, 비추다
light and shade 빛과 그늘

Whoever love his brother lives in the light(1 John 2:10)

자기의 형제를 사랑하는 자만이 빛 가운데 살고 있는 사람이며(요일 2:10)

✔ whoever는 복합관계대명사이며 "~하는 사람은 누구든지"의 의미이다.

118 action [ǽkʃən]

명 활동, 움직임, 행위 | 형 active 활동적인
be in action 활동하다

Let us not love with words or tongue, but with action and in truth(1 John 3:18)

우리가 말과 혀로만 사랑하지 말고 오직 행함과 진실함으로 사랑합시다
(요일 3:18)

✔ not A but B는 A가 아니라 B라는 뜻이다.

119 crown [kraun]
명 왕관, 화관, 가시 면류관
succeed to the crown 왕위를 계승하다

Be faithful even to the point of death, and I will give you the crown of life(Revelation 2:10)

죽음이 눈앞에 다가오더라도 끝까지 충성하라, 그러면 생명의 면류관을 네게 줄 것이다(계 2:10)

120 tear [tiəːr]

명 눈물, 슬픔, 비탄 | 형 tearful 눈물어린, 눈물 젖은
tears of joy 기쁨의 눈물

And God will wipe away every tear from their eyes
(Revelation 7:17)

그리고 하나님께서는 그들의 눈에서 흐르는 눈물을 닦아 주실 것입니다(계 7:17)

Check up (81~120)

A

주어진 단어의 뜻을 우리말로 쓰세요.

1. happiness __________ 2. tear __________

3. action __________ 4. grass __________

5. something __________ 6. guest __________

7. husband __________ 8. need __________

9. sense __________ 10. fellow __________

B

주어진 뜻에 따라 빈칸에 알맞은 단어를 쓰세요.

1. 예를 들자면   for e_______

2. 고락(즐거움과 고통)   the r_______ and pain

3. ~에 일치하여   in a_______ with

4. 사귐성이 좋다   be good c_______

5. 감각이 날카롭다   have keen s_______

C···

짝지어진 두 단어의 관계가 나머지 것과 다른 것을 고르세요.

1. ① pleasure − please ② happiness − unhappiness
   ③ enemy − fellow ④ truth − falsehood

2. ① power − powerful ② life − living
   ③ salt − salty ④ nature − national

D···

주어진 단어의 뜻으로 가장 알맞은 것을 고르세요.

1. **plan**	① 가난	② 계획	③ 명령	④ 개인
2. **power**	① 힘	② 진실	③ 하인	④ 생명
3. **order**	① 사실	② 명령	③ 십자가	④ 예
4. **company**	① 일행	② 물체	③ 자연	④ 요구
5. **grass**	① 손님	② 나무	③ 활동	④ 풀
6. **light**	① 충성	② 사랑	③ 왼쪽	④ 빛
7. **bread**	① 빵	② 원수	③ 지루한	④ 수목
8. **cross**	① 십자가	② 목숨	③ 행복	④ 보물
9. **treasure**	① 음식	② 목숨	③ 왕관	④ 보물
10. **nature**	① 자연	② 누구든지	③ 슬픔	④ 움직임

121 **knowledge** [nálidʒ]

圐 지식, 인식, 학문 | 혱 knowledgeable 총명한 교활한
knowledge of good and evil 선악의 분별

Wisdom will enter your heart, and knowledge will be pleasant to your soul(Proverbs 2:10)

지혜가 네 마음에 들어가고 지식이 네 영혼을 달콤하게 만들 것이다.
(잠 2:10)

✔ wisdom과 knowledge는 셀 수 없는 추상명사이다.

122 **fortune** [fɔ́ːrtʃən]

圐 사회적 지위, 재산 | 혱 fortunate 행운의, 운 좋은
a man of fortune 재산가

A fortune made by a lying tongue is a fleeting vapor and a deadly snare(Proverbs 21:6)

거짓된 혀로 모은 재산은 흩어지는 수증기 같고, 죽음을 불러오는 함
정이다(잠 21:6)

✔ made는 동사가 아니라 과거분사이다. "만들어진"으로 해석한다.

123 **vegetable** [védʒətəbəl]

圐 채소, 야채, 푸성귀
grow vegetable 채소를 재배하다

Better a meal of vegetables where there is love than a fattened calf with hatred(Proverbs 15:17)

채소만 먹어도 서로 사랑하는 것이, 쇠고기로 잔치하면서 싸우는 것
보다 낫다(잠 15:17)

124 **beginning** [bigíniŋ]

圐 시초, 처음, 첫머리
at the beginning 처음에

An inheritance quickly gained at the beginning will not be blessed at the end(Proverbs 20:21)

일확천금은 결과적으로 복이 되지 아니한다(잠 20:21)

✔ gained는 동사가 아니라 과거분사이며 "얻어진"이라고 해석한다.

125 compulsion [kəmpʌ́lʃən]

® 강제, 억제, 강요 | ® compulsory 강제의, 의문적인
by compulsion 강제로

Each man should give what he has decided in his
heart to give, not reluctantly or under compulsion
(2 Corinthians 9:7)

각자 자기가 마음 정한대로 내고, 내키지 않는 마음이나 억지로는 내
지 마십시오(고후9:7)

126 hand [hænd]

® 손, 솜씨 | ® handful 한 손에 가득
one's hands end knees 납작 엎드려

Because he is at my right hand, I will not be shaken.
(Psalms 16:8)

주님께서는 늘 내 오른편에 계시므로 내가 결코 흔들리지 않을 것입
니다(시 16:8)

✔ be shaken 수동태이며 "흔들리다"라고 해석한다.

127 flower [fláuər]

® 꽃, 화초, 개화 | ® flowerage 꽃장식
the national flower 나라꽃

As for man, his days are like grass, he flourishes like a
flower of the field(Psalms 103:15)

인생은 풀과 같습니다. 들판에 핀 꽃처럼 자랍니다(시 103:15)

128 thank [θæŋk]

® 감사, 사의, 사례 | ® thankful 매우 고마운
express one's thanks 감사의 표현하다

Praise the LORD, Give thanks to the LORD(Psalms 106:1)

여호와를 찬양하십시오, 여호와께 감사하십시오(시 106:1)

129　**key** [kiː]

명 열쇠, 수단, 비결
under lock and key 자물쇠를 단단히 잠그고

The fear of the LORD is the **key** to this treasure
(Isaiah 33:6)

주를 경외하는 것이 가장 큰 보물이다(사 33:6)

130　**heaven** [hévən]

명 천국, 천당 | **형** heavenly 한국과 같은, 아름다운
our heavenly father 하늘에 계시는 우리 아버지

In the beginning God created the **heavens** and the earth.(Genesis 1:1)

태초에 하나님께서 하늘과 땅을 창조하셨습니다(창 1:1)

131　**image** [ímidʒ]

명 영상, 모양 | **명** imagination 상상력
An image of stone 석상

Let us make man in our **image**, in our likeness
(Genesis 1:26)

우리가 우리의 모습과 형상대로 사람을 만들자(창 1:26)

132　**idol** [áidl]

명 우상, 이교신, 허깨비 | **동** idolize 우상화하다
make an idol of ~을 숭배하다

They worshiped **idols**(2 Kings 17:12)

그들은 우상을 섬겼습니다(왕하 17:12)

✔ S+V+O인 3형식 구조는 "~은 ~다 ~을"로 해석한다.

133 **toil** [tɔil]

명 노고, 노역, 전후 | 명 toiler 애쓰는 사람
toil and moil 악착같이 일하다

Through painful toil you will eat of it all the days of your life(Genesis 3:17)

너는 평생도록 수고하여야 땅에서 나는 것을 먹을 수 있게 될 것이다
(창 3:17)

134 **sweat** [swet]

명 땀, 고된 노동
a cold sweat 식은 땀

By the sweat of your brow you will eat your food.
(Genesis 3:19)

너는 먹기 위하여 얼굴에 땀을 흘리고(창 3:19)

135 **shield** [ʃi:ld]

명 방패, 방어물
taking the shield of faith 믿음의 방패를 가지고

I'm your shield, your very great reward(Genesis 15:1)

나는 네 방패이다. 내가 너에게 큰 상을 줄 것이다(창 15:1)

136 **garment** [gáːrmənt]

명 의복, 의상
oddly garment 이상한 옷차림

The first to come out was red and his whole body was like a hairy garment(Genesis 25:25)

먼저 나온 아이는 몸이 붉고 그 피부가 마치 털 옷 같았습니다
(창 25:25)

descendant [diséndənt]

(명) 자손, 후예
a direct descendant 직계자손

I will make your descendants as numerous as the stars in the sky(Genesis 26:4)

내가 너에게 하늘의 별처럼 많은 자손을 주고(창 26:4)

✔ as 형용사 as는 "~만큼 매우 형용사 한"의 의미를 가진다.

138

blessing [blésiŋ]

(명) 축복, 축도, 하나님 은혜
give the blessing 축복하다

You may give me your blessing(Genesis 27:19)

저에게 복을 빌어주십시오(창 27:19)

✔ S+V+I.O(간목)+D.O(직목)의 구조를 가진 4형식이다.

139

dew [dju:]

(명) 이슬, 방울, 이슬 같은 신선미
drops of dew 이슬방울

May God give you of heaven's dew and of earth's richness(Genesis 27:28)

하나님께서 너에게 충분한 비와 좋은 땅을 주시고(창 27:28)

140

ability [əbíləti]

(명) 능력, 역량 | (형) able 능력 있는, ~할 수 있는
a man of ability 수완가

It is he who gives you the ability to produce wealth
(Deuteronomy 8:18)

여호와께서 여러 분에게 부자가 될 수 있는 힘을 주셨소(신 8:18)

✔ It is he who~는 he를 강조한 구문이며 who 주격관계대명사이다.

141 **unbeliever** [ʌ́nbəliːvər]

⑲ 회의하는 사람, 신앙심이 없는 사람 | ⑱ unbelievable 믿기 어려운

Do not be yoked together with unbelievers
(2 Corinthians 6:14)

믿지 않는 사람들과 멍에를 함께 메지 마십시오(고후 6:14)

142 **slave** [sleiv]

⑲ 노예, 종 | ⑲ slavery 노예신분
a slave to fashion 유행에 사로잡힌 사람

Remember that you were slaves in Egypt(Deuteronomy
16:12)

여러분도 이집트에서 종살이 했음을 기억하고(신 16:12)

✔ that은 접속사이며 remember의 목적어 역할을 한다.

143 **honey** [hʌ́ni]

⑲ 벌꿀, 귀여운 사람 | ⑱ honeyed 꿀처럼 단
honey bee 꿀벌

He gave us this land, a land flowing with milk and
honey (Deuteronomy 26:9)

여호와께서는 저희를 이곳으로 인도하시고 젖과 꿀이 흐르는 비옥한
땅을 주셨습니다(신 26:9)

✔ flowing은 land를 꾸며주는 현재분사이며 "흐르는"으로 해석한다.

144 **faithfulness** [féiθfəlnis]

⑲ 성실, 성의 | ⑱ faithful 충실한, 성실한, 신의 있는

Now fear the LORD and serve him with all
faithfulness (Joshua 24:14)

여러분은 여호와를 존경하고 그분을 온 마음으로 섬겨야 하오
(수 24:14)

✔ with faithfulness는 faithfully로 바꾸어 쓸 수 있고 "진정으로"
라는 의미이다.

145 **deed** [di:d]

⑲ 행위, 행동 | ⑲ in deed 실제로
do a good deed everyday 일일익선

The LORD is a God who knows, and by him deeds are weighed(1 Samuel 2:3)

여호와께서는 모든 것을 아시는 하나님이시라네. 여호와께서는 너희 행동을 심판하신다(삼상 2:3)

✔ who는 다음에 동사가 와서 주격관계대명사가 된다.

146 **poverty** [pávərti]

⑲ 가난, 빈곤, 결핍 | ⑲ poor 가난한, 궁핍한
poverty of blood 빈혈

The LORD sends poverty and wealth(1 Samuel 2:7)

여호와께서는 사람을 가난하게 하시고 부유하게도 하신다(삼상 2:7)

147 **appearance** [əpíərəns]

⑲ 출현, 외모 | ⑲ appear 나타나다, 출현하다
the appearance of her first look 그녀의 처녀 발견

Man looks at the outward appearance but the LORD looks at the heart(1 Samuel 16:7)

사람은 겉모양을 보지만 나 여호와는 마음을 본다(삼상 16:7)

148 **kindness** [káindnis]

⑲ 친절, 상냥함 | ⑲ kind 친절한
kindness of heat 마음씨 고움

May the LORD now show you kindness and faithfulness(2 Samuel 2:6)

이제 여호와께서 여러분에게 은혜와 진리를 베푸시기 바라오
(삼하 2:6)

149 **sovereign** [sάvərin]

몡 주권자, 통치자, 군주 ㅣ 몡 sovereignty 주권, 통치권
A sovereign ruler a country 나라의 통치자

Sovereign LORD, you are God(2 Samuel 7:28)

주 여호와여 오직 주님은 하나님이시며(삼하 7:28)

---

150 **servant** [sə́:rvənt]

몡 하인, 종, 신하 ㅣ 동 serve 일하다, 봉사하다
a servant of the public 사회 봉사자

You have promised these good things to your servant
(2 Samuel 7:28)

주께서는 이 좋은 것을 주님의 종인 저에게 약속해 주셨습니다
(삼하 7:28)

✔ have promised는 현재완료형태이며 "지금까지 약속하고 있다"
의미이다.

---

151 **fortress** [fɔ́:rtris]

몡 요새지, 안전지역

The LORD is my rock, my fortress and my deliverer
(2 Samuel 22:2)

여호와는 나의 바위, 나의 요새이며, 나의 구세주이시다(삼하 22:2)

✔ The LORD is my rock은 S+V+C 구조를 가진 2형식이다.
(주어는 ~이다)

---

152 **refuge** [réfju:dʒ]

몡 피난, 보호 ㅣ 몡 refugee 피난자, 망명자
take refuge from a storm 폭풍우로부터 피난하다

My God is my rock, in whom I take refuge(2 Samuel 22:3)

나의 하나님은 나의 피할 바위이시며(삼하 22:3)

✔ whom은 다음에 S+V가 있어서 목적격관계대명사이며 that으로
대신 쓸 수 없다.

153 **distress** [distrés]

(명) 고민, 고통, 환난 | (형) distressful 고민 많은, 괴로운
suffer distress 비탄에 잠기다

In my distress I called to the LORD(2 Samuel 22:7)

고통 중에 주님을 부르고(삼하 22:7)

154 **darkness** [dá:rknis]

(명) 암흑, 어둠, 무지 | (동) darken 어둡게 하다
in dead darkness 캄캄한 어둠 속에서

The LORD turns my darkness into light(2 Samuel 22:29)

여호와께서는 나의 어둠을 밝히셨습니다(삼하 22:29)

✔ turn A into B는 "A를 B로 바꾸다"의 의미를 갖고 있다.

155 **altar** [ɔ́:ltər]

(명) 제단, 제대
lead a woman to the altar (여자)와 결혼하다

David built an altar to the LORD there and sacrificed burnt offsprings and fellowship offsprings(2 Samuel 24:25)

다윗은 온전한 번제와 화목제를 드렸습니다(삼하 24:25)

156 **plague** [pleig]

(명) 전염병, 재앙, 재난(=pestilence) | (형) plaguesome 성가신
plague stricken district 전염병 지역

The plague on Israel was stopped(2 Samuel 24:25)

이스라엘에 내렸던 재앙을 멈추셨습니다(삼하 24:25)

157 riches [rítʃiz]

명 부, 재물, 풍부함(=wealth)
the riches of knowledge 지식의 풍부

I will give you what you have not asked for both
riches and honor(1 Kings 3:13)

너의 구하지 아니한 부와 영광도 네게 주노니(왕상 3:13)

✔ what은 선행사가 포함된 관계대명사이며 "~하는 것"이라고 해
석한다.

158 messenger [mésəndʒər]

명 사자, 전달자, 선구자
An imperial message 칙사

Elisa sent a messenger to say to him(2 Kings 5:10)

엘리사가 나아만에게 심부름하는 사람을 보내어 말했습니다
(왕하 5:10)

✔ to say는 "말하려고" 의미를 가진 부정사의 부사적 용법이다.

159 likeness [láiknis]

명 유사, 닮은 얼굴, 초상
a living likeness 빼 쓴 듯이 닮은 것(사람)

Let us make man in our image, in our likeness
(Genesis 1:26)

우리가 우리의 모습과 형상대로 사람을 만들자(창 1:26)

160 devotion [divóuʃən]

명 봉헌, 헌납, 바치기 | **동** devote ~바치다, 헌납하다

Remember, O LORD, how I have walked before you
faithfully and with wholehearted devotion(2 Kings 20:3)

여호와여 제가 언제나 마음을 다하여 여호와께 복종하고, 여호와께
서 보시기에 옳은일 행한 것을 기억해 주십시오(왕하 20:3)

A

주어진 단어의 뜻을 우리말로 쓰세요.

1. vegetable __________

2. fortune __________

3. unbeliever __________

4. heaven __________

5. toil __________

6. descendant __________

7. dew __________

8. beginning __________

9. advantage __________

10. plague __________

B

주어진 뜻에 따라 빈칸에 알맞은 단어를 쓰세요.

1. ~을 숭배하다   make an i________ of

2. 강제로   by c________

3. 캄캄한 어둠 속에서   in dead d________

4. 온 마음을 다해   with all f________

5. 돈에 쪼들리어   in d________ for money

C

짝지어진 두 단어의 관계가 나머지 것과 다른 것을 고르세요.

1. ① devotion – devote ② distress – distressful
   ③ darkness – darken ④ devotion – devote

2. ① knowledge – knowledgable ② hand – handful
   ③ heaven – heavenly ④ image – imagination

D

주어진 단어의 뜻으로 가장 알맞은 것을 고르세요.

1. **vegetable** ① 고기 ② 야채 ③ 육지 ④ 시초

2. **image** ① 천국 ② 개최 ③ 영상 ④ 헌신

3. **likeness** ① 유사 ② 땀 ③ 축복 ④ 다른

4. **refuge** ① 피난 ② 노고 ③ 재단 ④ 재물

5. **thank** ① 고난 ② 사막 ③ 감사 ④ 암흑

6. **sweat** ① 명예 ② 기술 ③ 슬픔 ④ 땀

7. **shield** ① 생명 ② 불멸 ③ 방패 ④ 헌신

8. **ability** ① 행위 ② 능력 ③ 성실 ④ 진실

9. **slave** ① 주인 ② 노예 ③ 성격 ④ 순종

10. **poverty** ① 가난 ② 성실 ③ 수단 ④ 감사

 prayer [prɛər]

명 기도자
kneel down in prayer 무릎을 꿇고 기도하다

I have heard your prayer and seen your tears. I will heal you(2 Kings 20:5)

내가 네 기도를 들었고 네 눈물을 보았다. 내가 너를 고쳐주겠다.
(왕하 20:5)

✔ have heard는 현재완료이며 "지금까지 들어오고 있다"의미이다.

---

162 **pillar** [pílər]

명 기둥, 기둥모양의 것, 대들보
a pillar of cloud 구름기둥

The king stood by the pillar and renewed the covenant in the presence of the LORD(2 Kings 23:3)

왕은 성전기둥 곁에 서서 여호와 앞에서 언약을 맺었습니다(왕하 23:3)

---

163 **decree** [dikríː]

명 법령, 포고, 판결
a decree of divorce 이혼판결

To keep his commands, regulations and decrees with all his heart and all his soul(2 Kings 23:3)

여호와의 계명과 규례와 율법을 마음과 정성을 다해 지키기로(왕하 23:3)

---

164 **judgment** [dʒʌdʒmənt]

명 재판, 심판, 비난, 견해 | 동 judge 심리하다, 심사하다
in my judgment 내 판단으로는

He is the LORD our God, his judgments are in all the earth(1 Chronicles 16:14)

그는 여호와 우리 하나님이시며, 그는 온 세계를 심판하신다
(대상 16:14)

✔ his judgements는 복수명사이어서 are를 쓴다.

165 prophet [práfit]

명 예언자, 사도, 선각자 | 형 prophetic 예언자의
weather prophet 일기예보

Do not touch my anointed ones; Do my prophets no harm(1 Chronicles 16:22)

내가 기름 부어 세운 사람을 건드리지 말고 내 예언자들을 해치지 말라(대상 16:22)

✔ 부정명령문(~하지마라)는 앞에 Do not를 쓰면 된다.

---

166 request [rikwést]

명 요구, 수요, 요청 | 명 requester 청구자, 의뢰자
come into request 필요하게 되다

And God granted his request(1 Chronicles 4:10)

하나님께서는 야베스의 기도를 들어 주셨습니다(대상 4:10)

---

167 preparation [prèpəréiʃən]

명 준비, 대비, 예습 | 동 prepare 준비하다, 대비하다
make preparation for 준비하다

Therefore I will make preparations for it(1 Chronicles 22:5)

그러므로 내가 성전 지을 준비를 해 놓아야겠다(대상 22:5)

✔ make preparation은 prepare로 바꿀 수 있다.

---

168 inheritance [inhéritəns]

명 상속, 재산, 유산 | 동 inherit 상속하다, 손에 넣다
inheritance tax 상속세

You may pass it as inheritance to your descendants forever(1 Chronicles 28:8)

여러분의 자손에게 이 땅을 영원토록 넘겨줄 수 있을 것이요(대상 28:8)

✔ may는 허락의 의미를 갖고 있는 조동사이며 다음에는 동사원형이 온다.

169 **motive** [móutiv]

몡 동기, 유인 | 몡 motivation 동기 부여, 자극
the motive of crime 범죄 동기

The LORD understands every motive behind the thoughts (1 Chronicles 28:9)

여호와께서는 모든 사람의 마음을 다 아시고(대상 28:9)

170 **ruler** [rú:lə:r]

몡 지배자, 군주, 주권자

You are the ruler of all things(1 Chronicles 29:12)

주는 모든 것을 다스리십니다(대상 29:12)

171 **shadow** [ʃǽdou]

몡 그림자, 어둠 | 동 어둡게하다
the shadow of a person 사람의 그림자

Our days on earth are like a shadow, without hope (1 Chronicles 29:15)

이 땅에 사는 우리의 시간은 그림자와 같아서 아무런 희망이 없습니다(대상 29:15)

✔ are의 주어는 on earth가 아니라 our days이다.

172 **wisdom** [wízdəm]

몡 현명, 분별, 지혜 | 형 wise 영리, 현명한
borrowed wisdom 남에게서 배운 꾀

Give me wisdom and knowledge(2 Chronicles 1:10)

지혜와 지식을 주십시오(대하 1:10)

173 presence [prézəns]

명 존재함, 출석, 면전 | 형 present 현재의, 지금의, 당면한
presence of mind (위기에 직면했을 때)침착, 평정

Hear the prayer that your servant is praying in your
presence(2 Chronicles 6:19)

나의 하나님 여호와여 제가 주께 드리는 이 기도를 들어 주십시오
(대하 6:19)

---

174 dwelling [dwéliŋ]

명 주소, 주거지 | 명 dweller 거주자 | 동 dwell 살다, 거주하다, 남다
dwell on(=upon) 곰곰이 생각하다, 숙고하다

Then hear from heaven, your dwelling place
(2 Chronicles 6:30)

주께서 계시는 하늘에서 그 기도를 들으시고(대하 6:30)

✔ dwelling은 place를 수식하는 "현재분사"이다.

---

175 plea [pli:]

명 변명, 핑계, 구실 |
동 plead 탄원하고, 간청하고, 구실이 되다, 변명하다

Then hear from heaven their prayer and then plea
(2 Chronicles 6:35)

하늘에서 그들의 기도와 간구를 들으시고(대하 6:35)

---

176 reward [riwɔ́rd]

명 보수, 보상, 보답하다 | 동 ~에 보답하다, ~에 상 주다
in reward for ~에 보답하다

Be strong and do not give up, for your work will be
rewarded(2 Chronicles 15:7)

여러분 힘을 내시오. 낙심하지 마시오. 여러분이 한 좋은 일에 대해
상이 있을 것이오(대하 15:7)

✔ will be rewarded는 조동사가 있는 수동태여서 be+p.p를 쓴다.

177 injustice [indʒʌ́stis]

영 불법, 불의, 부정

With the LORD our God there is no injustice
(2 Chronicles 19:7)

우리 여호와 하나님께서는 모든 백성을 공평하게 다루기를 원하시며
(대하 19:7)

✔ "There is no+명사"는 "명사가 없다"라는 의미이다.

178 disgrace [disgréis]

영 불명예, 체면 손상 | 형 disgraceful 창피한, 남부끄러운
bear disgrace 불명예를 참다

I am too ashamed and disgraced to lift up my face to
you(Ezra 9:6)

하나님께서 얼굴을 들기가 너무나 부끄러워 몸 둘 바를 모르겠습니
다(스 9:6)

✔ too~to는 "너무~하여~할 수 없다" 의미이다.

179 guilt [gilt]

영 유죄, 범죄, 죄의식 | 형 guilty 죄를 범한, 유죄의 결점이 있는
have a guilty conscience 양심의 가책을 받다

Our guilt has reached to the heavens(Ezra 9:6)

우리가 저지른 죄가 너무 많아 하늘까지 닿았습니다(스 9:6)

✔ has reached는 현재완료형이다.

180 goodness [gúdnis]

영 선량, 착함
Goodness knows! 하늘에 맹세코, 알게 뭐야?

They reveled in your great goodness(Nehemiah 9:25)

주께서 주신 풍성한 복을 마음껏 누렸습니다(느 9:25)

misery [mízəri]

(명) 비참, 궁핍, 육체적 고통 | (형) miserable 비참한, 불행한
live in misery 궁핍한 생활을 하다

Why is light given to those misery(Job 3:20)

어찌하여 비참한 자에게 빛이 주어졌는가(욥 3:20)

✔ is given은 수동태로서 "주어지다"의 뜻이다.

182

spark [spɑːrk]

(명) 불꽃, 불티, 흔적 | (동) 불꽃을 튀기다, 불꽃처럼 번쩍이다
the vital spark 생명, 생기

Man is born to trouble as surely as sparks fly upward
(Job 5:7)

인생은 문제를 갖고 태어나네. 그것은 마치 불꽃들이 위로 솟는 것과
같지(욥 5:7)

✔ is born은 수동태로서 "태어나다"표현이다.

183

territory [térətɔːri]

(명) 지역, 영토, 활동범위 | (형) territorial 영토의
territorial waters 영해

Oh that you would bless me and enlarge my territory
(1 Chronicles 4:10)

나에게 복을 주십시오. 나에게 땅을 더 많이 주십시오(대상 4:10)

184

counsel [káunsəl]

(명) 충고, 권고, 조언 | (명) counselor 고문, 상담역, 변호사
give(=offer) counsel 조언을 하다

Blessed is the man who does not walk in the counsel
of the wicked(Psalms 1:1)

행복한 사람은 나쁜 사람들의 꼬임에 따라가지 않는 사람입니다
(시 1:1)

✔ who는 다음에 동사가 있으므로 주격관계대명사이다.

185 **safety** [séifti]

명 안전, 무사 | 형 safe 안전한 in safety 무사히
safety first 안전제일

O LORD, make me dwell in safety(Psalms 4:8)

나를 이렇게 안전하게 돌보아 주시는 분은 오직 여호와뿐이십니다
(시 4:8)

✔ make는 시키다(사역동사)이며 to dwell이 아니라 dwell이 쓰여진다.

---

186 **wonder** [wʌ́ndər]

명 기이한 일들, 놀라움, 경탄 | 동 놀라다, 이상하게 여기다
wonderful 이상한, 놀랄만한, 훌륭한
have a wonderful time 멋진 시간을 보내다

I will tell of all your wonders(Psalms 9:1)

주께서 행하신 놀라운 일들을 모두 노래하겠습니다(시 9:1)

---

187 **oak** [ouk]

명 떡갈나무, 참나무 | 형 oaken 떡갈나무로된

You will be like an oak with fading leaves, like a
garden without water(Isaiah1:30)

너희는 그 잎사귀가 시들어가는 상수리나무 같을 것이며 물이 없는
동산처럼 될 것이다(사1:30)

✔ fading는 leaves를 수식하는 진행분사 이며 "시들어가는"이라고
해석한다.

---

188 **death** [deθ]

명 죽음, 사망 | 동 die 죽다 | 형 dead 죽은, 죽어 있는, 생명이 없는
pale as death 새파랗게 질리다 | from birth to death 한평생

Give my light to my eyes, or I will sleep in death
(Psalms 13:3)

내 눈을 밝혀 주소서. 그렇지 않으면 나는 죽음의 잠을 잘 것입니다
(시 13:3)

189 **shepherd** [ʃépəːrd]

명 목자, 양치기 | 동 [양]을 지키다

The LORD is my shepherd, I shall not be in want
(Psalms 23:1)

여호와는 나의 목자시니 내게 부족함이 없습니다(시 23:1)

✔ be in want는 "부족하다" 의미를 갖는다.

---

190 **sake** [seik]

명 동기, 목적, 이익 for any sake 하여튼,
for one's name's sake 명예(이름)를 위하여

He guides me in paths of righteousness for his name's
sake(Psalms 23:3)

자신의 이름을 위하여 주님은 나를 의로운 길로 인도하십니다(시 23:3)

---

191 **glory** [glɔ́ːri]

명 명성, 영광, 찬미 | 형 glorious 장엄한, 영광의, 명예로운 |
동 glorify ~을 찬송하다, ~에게 영광을 주다
fight for glory 명예를 위해 싸우다

Who is the king of glory? The LORD strong and
mighty, the LORD mighty in battle(Psalms 24:8)

누가 영광의 왕이신가? 힘세고 용맹스런 여호와이시다 전쟁에 능한
여호와이시다(시 24:8)

---

192 **demand** [dimǽnd]

명 요구, 청구 | 동 ~을 요구하다, 강요하다
the law of supply and demand 수요공급의 법칙

All the ways of LORD are loving and faithful for those
who keep the demands of his covenant(Psalms 25:10)

여호와의 언약과 그 말씀을 지키는 사람을 신실함과 자비로움으로
인도하십니다(시 25:10)

✔ who 다음에 동사가 오므로 주격관계대명사이다.

193 **uprightness** [ʌ́pràitnis]

명 직립, 수직, 정직, 공정 | 형 upright 똑바른, 직립한, 수직의

May integrity and uprightness protect me, because my hope is in you(Psalms 25:21)

순수하고 올바르게 살겠습니다. 나를 보호하여 주소서. 나의 소망이 오직 주님께 있습니다(시 25:21)

✔ because이하는 이유를 나타내는 부사절이며 "~때문에"라고 해석한다.

---

194 **salvation** [sælvéiʃən]

명 구조, 구출, 구제
salvation Army 구세군

The LORD is my light and my salvation, whom shall I fear? (Psalms 27:1)

여호와는 나의 빛이시며, 나의 구원자시니, 내가 누구를 두려워하겠습니까? (시 27:1)

---

195 **integrity** [intégrəti]

명 성실, 정직, 완전무결
a man of integrity 성실한 사람

I know, My God, that you test the heart and are pleased with integrity(1 Chronicles 29:17)

주께서는 사람의 마음을 시험하시며 백성이 옳은 일 할 때 기뻐하신다(대상 29:17)

---

196 **pit** [pit]

명 구멍, 지옥, 구덩이, 함정 | 동 구멍을 뚫다, 구덩이에 넣다

If you remain silent, I will be like those who have gone down to the pit(Psalms 28:1)

주님께서 외면하시면 나는 무덤에 있는 사람과 같게 될 것입니다(시 28:1)

✔ remain silent는 2형식으로 "조용한 상태로 났다"로 해석한다.

197 **favor** [féivər]

(명) 호의, 친절, 은혜 | (동) 호의를 보이다, 찬성하다, 은혜를 베풀다
by your favor 귀하의 허락으로 실례지만
in favor of ~에 찬성하여, ~을 위하여

But his favor lasts a lifetime(Psalms 30:5)

그분의 사랑은 영원합니다(시 30:5)

✔ last가 동사로 쓰이면 "지속하다"로 해석된다.

198 **saint** [seint]

(명) 성인, 성도 | (형) saintly 성인다운, 숭고한
saint it 성인답게 행동하다

Love the LORD, all his saints(Psalms 31:23)

주의 모든 성도들이여, 여호와를 사랑하십시오(시 31:23)

199 **woe** [wou]

(명) 비애, 고뇌, 슬픔(=sorrow) | (형) woeful 슬픔에 가득찬, 비참한
a scene of woe 비통한 장면

Many are the woes of the wicked(Psalms 32:10)

악한 자들에게는 많은 불행이 닥치지만(시 32:10)

✔ the wicked는 wicked people과 같고 "사악한 사람들"이라고
해석한다.

200 **smell** [smel]

(명) 냄새 | (동) 냄새 맡다

The smell of my son is like the smell of a field that
the LORD has blessed(Genesis 27:27)

내 아들의 냄새는 여호와께서 복을 주신 들판의 냄새로다(창 27:27)

✔ of my son으로 제한적 의미를 두어서 smell 앞에 the를 쓴다.

Check up (161~200)

A

주어진 단어의 뜻을 우리말로 쓰세요.

1. pillar ___________   2. inheritance ___________

3. motive ___________   4. presence ___________

5. disgrace ___________   6. guilt ___________

7. request ___________   8. saint ___________

9. salvation ___________   10. demand ___________

B

주어진 뜻에 따라 빈칸에 알맞은 단어를 쓰세요.

1. ~을 찬성하여   in f________ of

2. 한평생   from birth to d________

3. 안전제일   s________ first

4. 생명, 생기   the vital s________

5. 불명예를 참다   bear d________

C

짝지어진 두 단어의 관계가 나머지 것과 다른 것을 고르세요.

1. ① judgement – judge　　② motive – motivation
　 ③ inheritance – inherit　④ relief – relieve

2. ① delight – delightful　② death – dead
　 ③ safety – safe　　　　④ justice – injustice

D

주어진 단어의 뜻으로 가장 알맞은 것을 고르세요.

1. **prophet**　① 상처　② 예언자　③ 관리자　④ 사자

2. **woe**　① 갈증　② 기쁨　③ 비애　④ 구출

3. **demand**　① 요구　② 호의　③ 유산　④ 전문가

4. **shepherd**　① 안전　② 양치기　③ 명성　④ 비참

5. **counsel**　① 인심　② 이동　③ 충고　④ 그림자

6. **wisdom**　① 지혜　② 변명　③ 약속　④ 영원

7. **preparation**　① 동기　② 준비　③ 호의　④ 마음

8. **plea**　① 존재　② 변명　③ 영광　④ 유죄

9. **misery**　① 비참　② 동기　③ 성인　④ 방법

10. **oak**　① 목적　② 원인　③ 상수리나무　④ 찬성

fountain [fáuntin]

명 샘 근원, 원천, 분수
a fountain of wisdom 지혜의 원천
a historical foundation 역사적 근거

For with you is the fountain of life;(Psalms 36:9)

주님께 생명의 샘이 있습니다(시 36:9)

✔ of life 가 제한적 의미를 주어서 fountain 앞에 the를 쓴다.

202

scorn [skɔ:rn]

명 경멸, 모욕, 조소, 냉소 | **형** scornful 경멸하는, 비웃는

Do not make me the scorn of fools(Psalms 39:8)

어리석은 자들이 나를 비웃지 못하게 하소서(시 39:8)

✔ ~하지 마라(부정명령문)은 앞에 Do not(Don't)를 쓰면 된다.

203

mud [mʌd]

명 진흙, 진창 **동** 더럽히다
stick in the mud 궁지에 빠지다, 보수적이다, 진보가 없다

He lifted me out of the slimy pit, out of the mud and mire (Psalms 40:2)

주님께서 나를 질퍽거리는 구렁텅이에서 끄집어 내시고 진흙수렁에서 꺼내 주셨습니다(시 40:2)

✔ ouf of은 "~밖으로"라는 뜻을 가진다.

204

offspring [ɔ́:fspríŋ]

명 자식, 자손(=descendant)
produce offspring 아이를 낳다

Stop bringing meaningless offerings!(Isaiah 1:13)

다시는 헛된 제물을 가져오지 마라(사1:13)

✔ stop + 동 ing이면 "~하기를 그만두라"라고 해석한다.

 oppression [əpréʃən]

명 압제, 압박, 중압감 | 동 oppress 중압감을 주다, 압박을 가하다
a feeling of oppression 압박감

Why do you forget our misery and oppression?
(Psalms 44:24)

왜 우리의 비참함과 괴로움을 잊으십니까?(시 44:24)

---

 praise [preiz]

명 칭찬, 칭송, 찬미 | 동 칭찬하다
sing one's own praise 자화자찬하다

Sing praises to God, sing praises(Psalms 47:6)

하나님께 찬양의 노래를 드리십시오(시 47:6)

---

 psalm [sɑ:m]

명 찬송가, 성가
the psalms of David 시편

Sing to him a psalm of praise(Psalms 47:7)

하나님께 찬양의 노래를 드리십시오(시 47:7)

---

 seed [síːd]

명 씨, 종자 | 동 씨뿌리다 | 형 seedy 씨가 생긴, 열매를 맺은
the seeds 근원, 발달

I planted the seed, Apollos watered it, but God made
it grow(1 Corinthians 3:6)

나는 씨앗을 심었고, 아볼로는 물을 주었으나 자라게 하시는 분은 하
나님이십니다(고전 3:6)

✔ made는 "시키다"라는 뜻이며 to grow가 아니라 grow로 써야
한다.

 throne [θroun]

명 왕좌, 옥좌, 왕위
come to the throne 즉위하다

God is seated on his holy throne(Psalms 47:8)

하나님은 자신의 거룩한 보좌에 앉아 계십니다(시 47:8)

✔ is seated는 수동태로서 "앉다(=sit)"로 해석한다.

---

210 **temple** [témpəl]

명 사원, 절, 교회장
a temple of art 예술의 전당

Within your temple, O God, we meditate on your
unfailing love(Psalms 48:9)

오 하나님, 주의 성전 안에서 주의 한결 같은 사랑을 생각합니다
(시 48:9)

---

211 **creature** [kríːtʃər]

명 피조물, 동물, 짐승 [말, 소] 산물

I know every bird in the mountain, and the creatures
of the field are mine(Psalms 50:11)

나는 산위에 있는 모든 새들을 알고 있다. 들판에 살아 있는 것들이
다 나의 것이다(시 50:11)

✔ are의 주어는 the creatures이다.

---

212 **well** [wél]

명 우물 | 부 잘 | 형 better-best 건강한
an oil well 유정

With joy you will draw water from the wells of
salvation(Isaiah 12:3)

너희가 기쁨으로 구원의 우물에서 물을 길을 것이다(사 12:3)

213　destruction [distrʌ́kʃən]

📖 파괴, 박멸, 멸망 | 통 destroy 파괴하다, 멸하다

Your tongue plots destruction(Psalms 52:2)

당신의 혀는 파멸을 만들어 냅니다(시 52:2)

214　razor [réizəːr]

📖 면도칼
as sharp as razor 면도칼 같이 예리한

Your tongue is like a sharpened razor(Psalms 52:2)

당신의 혀는 날카로운 면도날 같습니다(시 52:2)

✔ is like은 "~와 같다"의 뜻이다.

215　deceit [disíːt]

📖 사기, 속임수, 계교, 불성실 | 통 deceive 속이다, 기만하다

You who practice deceit!(Psalms 52:2)

거짓된 일을 하는 자여!(시 52:2)

216　tongue [tʌŋ]

📖 혀, 말씨
wag one's tongue 쉴새없이 지껄이다
hold one's tongue 잠자고 있다, 입 다물고 있다

You love every harmful word, O you deceitful tongue! (Psalms 52:4)

당신은 온갖 해로운 말을 즐기며 거짓말하는 혀를 좋아 합니다
(시 52:4)

217 horror [hɔ́:rər]

명 공포, 소름
a screen of horror 소름끼치는 광경

Horror has overwhelmed me(Psalms 55:5)

두려움이 나를 덮쳤습니다(시 55:5)

✔ has overwhelmed는 "현재완료" 형태이다.

218 dove [dʌv]

명 비둘기, 성령, 온순한 사람

Oh, that I had the wings of a dove! I would fly away and be at rest(Psalms 55:6)

비둘기처럼 날개가 있다면 얼마나 좋을까! 멀리 날아가서 쉴 수 있으련만(시 55:6)

✔ oh, that은 "만일 ~한다면(이라면)"으로 해석할 수 있다.

219 tempest [témpist]

명 폭풍우, 사나운 날씨, 대소동 | **동** ~을 맹렬히 휩쓸다

Far from the tempest and storm(Psalms 55:8)

바람과 폭풍으로부터 멀리 떨어진 곳으로(시 55:8)

220 sword [sɔ:rd]

명 검, 칼, 전쟁
the pen is mightier than the sword 문(文)을 무(武)보다 강하다

Yet they are drawn sword(Psalms 55:21)

그의 말은 칼집에서 뺀 칼과 같다(시 55:21)

✔ drawn은 과거분사로서 "뽑혀진(뺀)"으로 해석된다.

Check up (201~220)

A

주어진 단어의 뜻을 우리말로 쓰세요.

1. fountain __________   2. offspring __________

3. sword __________   4. tempest __________

5. dove __________   6. tongue __________

7. well __________   8. praise __________

9. creature __________   10. scorn __________

B

주어진 뜻에 따라 빈칸에 알맞은 단어를 쓰세요.

1. 위기에 처하다   be on the r________ 's edge

2. 정치적 혼란   A political t________

3. 자화자찬하다   sing one's own p________

C

짝지어진 두 단어의 관계가 나머지 것과 다른 것을 고르세요.

1. ① oppression – oppress   ② deceit – deceive
   ③ destruction – destroy   ④ seed – seedy

2. ① scorn – scornful   ② mud – muddy
   ③ horror – horrible   ④ creature – create

D

주어진 단어의 뜻으로 가장 알맞은 것을 고르세요.

1. **scorn**   ① 갈증   ② 진흙   ③ 사원   ④ 경멸
2. **psalm**   ① 비둘기   ② 혀   ③ 찬송가   ④ 전쟁
3. **well**   ① 샘   ② 공포   ③ 파도   ④ 대소동
4. **destruction** ① 파괴   ② 건설   ③ 성실   ④ 판단
5. **delight**   ① 파괴   ② 기술   ③ 훈련   ④ 기쁨
6. **throne**   ① 왕위   ② 짐승   ③ 기후   ④ 진리
7. **temple**   ① 폭풍   ② 절   ③ 정치   ④ 경제
8. **oppression**   ① 압제   ② 상징   ③ 개방   ④ 기억
9. **mud**   ① 진눈깨비 ② 흙   ③ 열망   ④ 절
10. **deceit**   ① 후회   ② 실망   ③ 속임수   ④ 명령

Part 2
최고 중요 동사

각종 시험에서 문제를 푸는데
결정적 역할을 하는
250개 중요 동사

221 **see** [siː] saw - seen

동 보다, 보이다, 구경하다 | 명 sight 보기, 시력
see it 양해하다, 이해가 가다
you shall see 곧 알게 됩니다

And God **saw** that it was good(Genesis 1:10)

하나님께서 보시기에 좋았습니다(창 1:10)

✔ that은 접속사로 사용되어 see의 목적어 역할을 했다.

---

222 **make** [meik] made - made

동 만들다, 제작하다
make believe 거짓, 속임수
make up for 보상하다

Let us **make** man in our image, in our likeness(Genesis 1:26)

우리가 우리의 모습과 형상대로 사람을 만들자(창 1:26)

✔ Let us는 간접명령문으로 "우리에게 ~하게 하다"로 해석한다.

---

223 **increase** [inkríːs] increased - increased

동 늘리다, 증가하다, 증진시키다 | 명 증진, 확대
increase one's efforts 한층 더 노력하다

Be fruitful and **increase** in numbers fill the earth
(Genesis 1:28)

자녀를 많이 낳고 번성하여 땅을 채워라(창 1:28)

---

224 **eat** [iːt] ate - eaten

동 먹다, 식사하다 | 명 음식, 식사
eat too much 과식하다

You must not **eat** from the tree of the knowledge of
good and evil(Genesis 2:17)

선악을 알게하는 나무의 열매만을 먹지 마라(창 2:17)

✔ must not eat는 강한 금지를 나타내는 의미이며 "~먹어서는 안
된다"의 의미를 갖고 있다.

return [ritə́:rn] returned - returned

⑧ 돌아가다, 되살아나다
return kindness with ingratitude 은혜를 원수로 갚다, 배은망덕이다
return safe and sound 무사히 돌아오다

By the sweat of your brow you will eat your food until you **return** to the ground(Genesis 3:19)

너는 먹기 위하여 얼굴에 땀을 흘리고 열심히 일하다가 마침내 흙으로 돌아갈 것이다(창 3:19)

✔ until you return은 때를 나타내는 부사절이어서 미래의 의미지만 현재로 쓴다.

---

grant [grænt] granted - granted

⑧ 수여하다, 승낙하다, 인정하다
take for granted ~을 당연한 일이라고 생각하다
I take for granted that man is mortal
사람이 죽는 것은 당연한 일이라고 생각한다

The LORD has **granted** success to my journey(Genesis 24:56)

여호와께서 제 여행을 성공하게 하셨으므로 (창 24:56)

✔ has granted는 "현재완료" 용법으로써 "지금까지 주어왔다"를 해석한다.

---

give [giv] gave - given

⑧ 주다, 증여하다, 지불하다
give and take 의견을 교환, 타협하다

And of all that you **give** me I will give you a tenth
(Genesis 28:22)

하나님께서 저에게 주신 모든 것의 십분의 일을 바치겠습니다
(창 28:22)

✔ of all that you give me는 '목적어' 이며 '내게 주신 모든 것 중에서' 라고 해석한다.

228 **remember** [rimémbə:r] remembered - remembered

(동) 기억하다, 상기시키다 | (명) remembrance 기억, 추억, 기억력

He **remembered** his covenant with Abraham, with Issac and with Jacob(Exodus 2:24)

아브라함과 이삭과 야곱에게 하신 약속을 기억하셨습니다(출 2:24)

---

229 **say** [sei] said - said

(동) 말하다, 이야기하다
say no more 더 말하지 마라, 이젠 충분하다
Easier said than done 말하기는 쉽고 행하기는 어렵다

And God **said**, "I will be with you"(Exodus 3:12)

"내가 너와 함께 있겠다"라고 하나님께서 말씀하셨다(출 3:12)

✔ will be with "~와 함께 할 것이다"라고 해석한다.

---

230 **know** [nou] knew - known

(동) 알다, 이해하다(=understand)
what do you know? 요즘 어떻게 지내?

So that you will **know** that I, the LORD, am in this land (Exodus 8:22)

너는 나 여호와가 이 땅에 있다는 것을 알게 될 것이다(출 8:22)

---

231 **pass** [pæs, pɑːs] passed - passed

(동) 지나가다, 떠나다, 넘어가다 | (명) passage 통행, 통과, 도로
Ages of time passed 오랜 세월이 지났다

When I see the blood it will **pass** over you(Exodus 12:13)

피가 발라져 있는 것을 보면 나는 너희를 지나갈 것이다(출 12:13)

✔ when I see는 때를 나타내는 부사절이어서 미래 대신 현재를 썼다.

232 raise [reiz] raised - raised

동 올리다(=lift), 일으키다
raise a monument 기념비를 세우다

Raise your staff and stretch out your hand over the sea (Exodus 14:16)

네 지팡이를 들어 바다를 가리켜라(출 14:16)

---

233 lead [li:d] led - led

동 이끌다, 인도하다
lead up to ～에 차츰 다가가다
lead up to a favorite story 좋아하는 이야기로 화제를 돌리다

Then Moses led Israel from the Red sea(Exodus 15:22)

모세가 이스라엘 백성과 함께 홍해를 떠났습니다(출 15:22)

---

234 keep [ki:p] kept - kept

동 유지하다, 가두다, 지키다
sorry to have kept you waiting so long 오래 기다리게 해서 죄송합니다

Remember the sabbath day by keeping it holy(Exodus 20:8)

안식일을 기억하여 거룩한 날로 지켜라(출 20:8)

✔ by는 전치사이어서 다음에 동사원형＋ing 형태를 취하며 이를 ‘동명사’ 라고 한다.

---

235 flow [flou] flowed - flowed

동 흐르다, 솟아나다
Rivers flow into the ocean 강은 바다로 흘러 든다

Go up to the land flowing with milk and honey (Exodus 33:3)

젖과 꿀이 흐르는 비옥한 땅으로 올라가거라(출 33:3)

✔ flowing은 land를 수식해주는 현재분사이며 진행(～하는)의 의미를 갖는다.

236 **shine** [ʃain] shone - shone

图 빛나다, 비추다 | 图 shiny 반짝이는, 빛나는, 맑게 갠

The LORD makes his face **shine** upon you(Numbers 6:25)

여호와는 그 얼굴을 너에게 비추신다(민 6:25)

---

237 **fight** [fait] fought - fought

图 싸우다, 전투하다 | 图 싸움, 전투 | 图 fighting 싸우는, 전쟁의
a stand up fight 정정당당한 싸움

The LORD your God himself will **fight** for you
(Deuteronomy 3:22)

너희 하나님 여호와께서 너희를 위해 싸워 주실 것이다(신 3:22)

✔ himself는 주어(your God)을 강조한 용법이다.

---

238 **serve** [səːrv] served - served

图 섬기다, 봉사하다, 제공하다 | 图 service 근무, 봉직, 봉사, 공헌, 공조
Dinner is served 저녁이 준비되다

To **serve** the LORD your God with all your heart and
with all your soul(Deuteronomy 10:12)

주를 사랑하고 마음과 정성을 다하여 여러분의 하나님 여호와를 섬
기는 것이오(신 10:12)

---

239 **produce** [prədjúːs] produced - produced

图 낳다, 열매 맺다, 산출하다 | 图 product 산물, 생산품, 결과
residual products 부산물
Trees produce fruit 나무는 열매를 맺는다

Be sure to set aside a tenth of all that your field
produce each year(Deuteronomy 14:22)

여러분은 해마다 밭에서 나는 작물의 십분의 일을 따로 떼어 놓으시
오(신 14:22)

✔ a tenth는 1/10이라는 뜻이다.

240 **leave** [liːv] left - left

(동) 떠나다, 그만두다, 방치하다
leave off drinking 금주하다

He will never **leave** you nor forsake you(Deuteronomy 31:6)

여러분을 떠나지도 않고 버리지도 않을 것이오(신 31:6)

✔ nor+동사는 "역시 ~하지 않는다" 뜻이다.

---

241 **guard** [gáːrd]

(동) 지키다, 보호하다, 감시하다 (=protect) |
(형) guardant 지키는, guarded 조심성있는

He **guarded** him as the apple of his eyes(Deuteronomy 32:10)

여호와께서 자신의 눈동자처럼 지켜주셨다(신 32:10)

✔ of his eyes로 쓰여져서 apple 앞에 the가 쓰인다. (제한적 명사 앞에)

---

242 **stand** [stænd] stood - stood

(동) 서다, 서 있다
please stand up 기립해 주십시오
stand straight 똑바로 서다

You should **stand** firm in the LORD, dear friends
(Philippians 4:1)

주님을 계속 따르십시오(빌 4:1)

✔ stand firm은 '굳선히서다' 라는 뜻을 가진 2형식 문장이다.

243 **ask** [æsk] asked - asked

⑧ 묻다, 질문하다, 요청하다
ask the way 길을 묻다

You may **ask** me for anything in my name, and I will do it(John 14:14)

너희가 내 이름으로 무엇이든지 내게 구하면 내가 다 이루어주겠다 (요 14:14)

---

244 **delight** [diláit] delighted - delighted

⑧ 기쁘게 하다, 즐겁게 하다

Delight yourself in the LORD and he will give you the desires of your heart(Psalms 37:4)

여호와를 생각하면서 즐거워하십시오. 그러면 주님께서 여러분의 소원을 들어 주실 것입니다(시 37:4)

✔ Delight ~ and는 "기뻐하라 그러면" 의미를 띠는 조건명령문이다.

---

245 **reply** [riplái] replied - replied

⑧ 답하다, 대답하다
reply to a letter 답장 쓰다
reply in the negative 아니라고 대답하다

"Do not be afraid", Samuel **replied**(1 Samuel 12:20)

사무엘이 대답했습니다. "두려워하지 마시오."(삼상 12:20)

✔ 부정명령문은 앞에 Don't를 쓰며 "~하지 마라"의 뜻이다.

---

246 **consider** [kənsídər] considered - considered

⑧ 고찰하다, 숙고하다, 생각하다 | ⑨ consideration 고려, 고찰, 생각
⑱ considerate 사려 깊은, 신중한
all things considered 만사를 고려해서, 이것저것 생각한 나머지

Don't **consider** his appearance or his height(1 Samuel 16:7)

엘리압의 멋있는 모습과 키 큰 모습을 보지 마라(삼상 16:7)

247 **stay** [stei] stayed - stayed

통 머무르다, 묵다
stay over night 하룻밤 묵다

Stay with me ; don't be afraid(1 Samuel 22:23)

두려워하지 말고 나와 함께 있으시오(삼상 22:23)

---

248 **recover** [rikʌvəːr] recovered - recovered

통 되찾다, 회복하다 | 명 recovery 회복, 쾌차, 복구
recover one's health 건강을 회복하다

Like water spilled on the ground, which can not be
recovered, so we must die(2 Samuel 14:14)

우리는 언젠가 다 죽을 것입니다. 우리는 마치 땅에 쏟아진 물과 같
아서 누구도 그것을 다시 주어 담을 수 없습니다(삼하 14:14)

✔ 조동사 다음의 수동태는 can not be recovered처럼 be 동사원형
을 쓴다.

---

249 **arm** [ɑːrm] armed - armed

통 무장시키다, 갖추다 | 명 army 육군, 군대

It is God who **arms** me with strength and makes my
way perfect(2 Samuel 22:33)

하나님은 나의 든든한 요새이시며, 나의 길을 곧고 평탄하게 하신다.
(삼히 22:33)

✔ It is God who arms는 God을 강조한 문장이다

250 **forget** [fərgét] forgot - forgotten

⑧ 잊다, 망각하다, 깜박 잊다
forget and forgive 깨끗이, 잊어버리다

Do not **forget** the covenant I have made with you
(2 King 17:38)

내가 너희와 맺은 언약을 잊지 마라(왕하 17:38)

✔ the covenant 다음에 목적격관계대명사(that, which)가 생략되었다.

---

251 **seek** [si:k] sought - sought

⑧ 찾으러 가다, 구하다
seek a new house 새집을 찾다
seek a person's advice 남의 충고를 구하다

Let the hearts of those who **seek** the LORD rejoice
(1 Chronicles 16:10)

여호와를 찾는 사람은 기뻐하여라(대상 16:10)

✔ who는 주격관계대명사이다.

---

252 **suffer** [sʌ́fər] suffered - suffered

⑧ 고통받다, 고민하다 고통을 경험하다(=experience)
suffer from a bad headache 심한 두통을 앓다

But those who **suffer** he delivers in their suffering
(Job 36:15)

경건한 자들이 고난을 당할때, 그분께서 구해주시고(욥 36:15)

✔ those who suffer은 목적어로서 강조하기 위해 앞에 쓰여 졌다.

253 **answer** [ǽnsər] answered - answered

(동) 대답하다
write an answer 회답을 쓰다

Answer me when I call to you, O my righteous God
(Psalms 4:1)

내가 당신께 부르짖을 때에 응답해 주소서(시 4:1)

---

254 **hide** [haid] hid - hidden

(동) 숨기다, 덮어가리다
clouds hide the sun 구름이 태양을 가렸다

Why do you **hide** yourself in times of trouble?
(Psalms 10:1)

어찌하여 내가 어려움에 처했을 때에 숨어 계십니까?(시 10:1)

✔ yourself는 동사 다음에 쓰여서 '스스로' 라고 해석한다.

---

255 **shake** [ʃeik] shook - shaken

(동) 흔들다, 진동하다
His voice was shaking with anger 그의 목소리는 노여움으로 떨리고 있었다

Because he is at my right hand, I will not be **shaken**
(Psalms 16:8)

주님께서는 내 오른편에 계시므로 내가 결코 흔들리지 않을 것입니다(시 16:8)

✔ 조동사 will 다음에 수동태는 be shaken을 쓴다.

256 **waste** [weist] wasted - wasted

(동) 낭비하다, 허비하다, 소모시키다 | (명) 낭비, 소모, 황폐
waste not, want not 낭비 없으면, 부족 없다

When I kept silent, my bones **wasted** away through my groaning all day long(Psalms 32:3)

입을 다물고 있을 때에, 뼛속 깊이 사무치는 아픔을 느끼고 온종일 괴로워 신음하였습니다(시 32:3)

✔ kept silent는 2형식 문형(S+V+C)이며 '침묵을 지키다' 뜻이다.

---

257 **reach** [ri:tʃ] reached - reached

(동) ~에 닿다, 도착하다, ~에 이르다 | (명) 미치는 범위
reach one's destination 목적지에 닿다

Your love, O LORD, **reaches** to the heavens(Psalms 36:5)

여호와여 주님의 사랑이 하늘에 닿고(시 36:5)

---

258 **wait** [weit] waited - waited

(동) 기다리다, 준비되어 있다
Dinner is waiting for you 저녁식사 준비가 다 되었습니다

Wait for the LORD and keep his way(Psalms 37:34)

여호와를 기다리십시오. 그 분의 길을 따라 사십시오(시 37:34)

✔ wait(기다리다)는 자동사이므로 목적어가 오면 반드시 for를 쓴다.

---

259 **direct** [dirékt] directed - directed

(동) 가리키다, 지시하다 | (명) direction 방향, 방위, 경향
Can you direct me to the library 도서관 가는 길을 가리켜 주시겠습니까

By day the LORD **directs** his love(Psalms 42:8)

낮에는 여호와께서 사랑을 보여 주시고(시 42:8)

choose [tʃuːz] chose - chosen

동 고르다, 선택하다 | 명 choice 선택
choose death before dishonor 불명예보다 죽음을 택하겠다

He chose our inheritance for us(Psalms 47:4)

그분은 우리가 물려받을 땅을 정하셨습니다(시 47:4)

Check up (221~260)

A

주어진 단어의 뜻을 우리말로 쓰세요.

1. make __________ 2. give __________

3. increase __________ 4. raise __________

5. shine __________ 6. lead __________

7. ask __________ 8. produce __________

9. forget __________ 10. answer __________

B

주어진 뜻에 따라 빈칸에 알맞은 단어를 쓰세요.

1. 낭비 없으면 부족 없다 w________ not, want not

2. 그를 기다려라 w________ for him

3. 귀국하다 r________ hom

4. 곧 알게 될 거야 you shall s________

5. 일어나 주십시오 please s________ up

C···

짝지어진 두 단어의 관계가 나머지 것과 다른 것을 고르세요.

1. ① give – gift   ② remember – forget
   ③ know – knowledge   ④ serve – service

2. ① ask – answer   ② reach – arrive
   ③ see – sight   ④ increase – increase

D···

주어진 단어의 뜻으로 가장 알맞은 것을 고르세요.

1. **make**   ① 기록하다 ② 흔들다   ③ 만들다   ④ 보다

2. **return**   ① 승낙하다 ② 지불하다 ③ 떠나다   ④ 돌아오다

3. **grant**   ① 먹다   ② 증가하다 ③ 연구하다 ④ 수여하다

4. **raise**   ① 올리다   ② 생각하다 ③ 오르다   ④ 발생하다

5. **shine**   ① 흐르다   ② 빛나다   ③ 섬기다   ④ 이끌다

6. **stay**   ① 잊다   ② 머무르다 ③ 이끌다   ④ 떠나다

7. **leave**   ① 만들다   ② 떠나다   ③ 주다   ④ 살다

8. **direct**   ① 가리키다 ② 도착하다 ③ 파괴하다 ④ 돌이키다

9. **hide**   ① 고통받다 ② 흔들다   ③ 숨기다   ④ 서있다

10. **produce** ① 창조하다 ② 구경하다 ③ 생산하다 ④ 숙고하다

261 destroy [distrɔ́i] destroyed - destroyed

⑧ 파괴하다, 파멸시키다 | ⑲ destruction 파멸, 파괴
You have destroyed me 너 때문에 망했다

You destroyed them like ships of Tarshish scattered by an east wind(Psalms 48:7)

동풍에 부서지는 다시스의 배들처럼 주께서 그들을 깨뜨리셨습니다 (시 48:7)

---

262 die [dai] died - died

⑧ 죽다 | ⑲ death 죽음 | ⑲ dead 죽은, 생명 없는
never say die 죽는 소리 마라, 기운 내라

He will take nothing with him when he dies (Psalms 49:17)

사람은 죽을 때에 자기 소유를 가져가지 못하고 (시 49:17)

✔ when he dies는 시간 부사절이어서 미래 의미지만 "현재"를 쓴다.

---

263 do [du] did - done

⑧ ~하다, 행하다 | ⑲ deed 행위
do away with ~을 없애다, 폐지하다

There is no one who does good, not even one (Psalms 53:3)

착한 일을 하는 사람이 하나도 없습니다(시 53:3)

✔ who는 선행사 one을 가진 주격관계대명사이다.

---

264 hear [hiər] heard - heard

⑧ 듣다, 경청하다

Hear me and answer me(Psalms 55:1)

내 간절한 소원을 모른체 하지 마소서(시 55:1)

265 **fly** [flai] flew - flown

동 날다, 돌진하다 | 명 flight 비행
a birth flying about in the eir 하늘을 날아다니는 새

I would **fly** away and be at rest(Psalms 55:6)

멀리 날아가서 쉴 수 있으련만(시 55:6)

✔ would는 '~하고 싶다' 의미를 띈 의도성 조동사이다.

---

266 **call** [kɔ:l] called - called

동 부르다, 불러내다, 전화하다
call for 요청하다, 큰소리로 부르다

But I **call** to God, and the LORD saves me(Psalms 55:16)

나는 하나님께 부르짖습니다. 그러면 여호와께서 나를 건져 주실 것
입니다(시 55:16)

---

267 **twist** [twist] twisted - twisted

동 ~을 꼬다, 비틀다 | 형 twisty 꾸불꾸불한, 정직하지 않은
twists and turns 우여곡절
twist one's ankle 발목을 삐다

All day long they **twist** my words(Psalms 56:5)

온 종일 그들은 내 말을 왜곡시킵니다(시 56:5)

---

268 **record** [rikɔ́:rd] recorded - recorded

동 기록하다, 적다, 표시하다
the thermometer recorded 35 온도계는 35도를 나타냈다

Record my lament(Psalms 56:8)

나의 탄식과 고통을 적어 두소서(시 56:8)

269 **walk** [wɔːk] walked - walked

(동) 걷다, 걸어 다니다, 산보하다
walk up and down 이리저리 돌아다니다

I may **walk** before God in the light of life(Psalms 56:13)

이제 나는 빛 가운데서, 하나님이 보는 앞에서 걸어가겠습니다
(시 56:13)

270 **gain** [gein] gained - gained

(동) 얻다, 쟁취하다, 벌다
gain one's living(=livelihood) 생활비를 벌다

With God, he will **gain** the victory(Psalms 60:12)

하나님의 도우심으로 우리가 이길 수 있습니다(시 60:12)

✔ with는 If(만일~한다면)의미를 가진 전치사이다.

271 **take** [teik] took - taken

(동) 붙잡다, 쥐다, 빼앗다
take care 잘 있어, 몸조심해
take it easy 진정해

For we brought nothing into the world, and we can
take nothing out of it(1 Timothy 6:7)

우리가 세상에 올 때, 아무 것도 가지고 오지 않았으므로 세상을 떠
날때도 아무 것도 가져가지 못합니다(딤전 6:7)

272 **shout** [ʃaut] shouted - shouted

(동) 소리치다, 외치다, 고함지르다
shout with one voice 이구동성으로 외치다

Shout with joy to God, all the earth(Psalms 66:1)

땅 위에 있는 모든 것들이여, 하나님께 기쁨의 소리를 외치십시오
(시 66:1)

✔ with joy는 부사구로서 joyfully로 바꾸어 쓸 수 있다.

273 **turn** [təːrn] turned - turned

통 돌리다, 돌다, 뒤집다
keep watch by turns 교대로 망보다
turn a screw tight 나사를 꼭 조이다

He **turned** the sea into dry land(Psalms 66:6)

주께서 바다를 마른 땅으로 바꾸셨습니다(시 66:6)

---

274 **rise** [raiz] rose - risen

통 일어나다, 오르다, 올라가다
the curtain rises 무대의 막이 오른다

Rise up, O God, judge the earth(Psalms 82:8)

오 하나님, 일어나셔서 이 땅을 심판하소서(시 82:8)

✔ earth는 이 세상에서 하나 밖에 없으므로 the를 쓴다.

---

275 **have** [hæv] had - had

통 가리다, 소유하다
have nothing to do 할일이 아무것도 없다
have it on ~보다 뛰어나다
They have it on us 그들은 우리보다 낫다

Have mercy on me, O LORD, for I call to you all day
long(Psalms 86:3)

주여 나를 불쌍히 여겨주소서. 내가 하루 종일 주를 찾습니다
(시 86:3)

---

276 **sing** [siŋ] sang - sung

통 노래하다, 노래 부르다
sing for joy 기뻐서 마음이 설레다

I will **sing** of the LORD's great love forever(Psalms 89:1)

내가 여호와의 크신 사랑을 영원히 노래하겠습니다(시 89:1)

✔ will은 조동사이어서 다음에 동사원형(sing)을 쓴다.

277 enter [éntər] entered - entered

⑧ 들어가다, 등장하다 | ⑲ entrance 입장, 들어가기, 입학
May I enter? 들어가도 될까요?
enter a college 대학에 들어가다

Till I **entered** the sanctuary of God; then I understood their final destiny(Psalms 73:17)

하나님의 성전으로 나아가서야 비로소 그들에게 무슨 일이 일어날지 깨닫게 되었습니다(시 73:17)

278 lend [lend] lent - lent

⑧ 빌려주다, 대여하다
lend a book 책을 빌려주다
lend out ~을 대출하다

Good will come to him who is generous and **lends** freely (Psalms 112:5)

관대하며 거저 빌려주는 자에게 복이 찾아옵니다(시 112:5)

279 watch [wɑtʃ] watched - watched

⑧ 지켜보다, 기다리다, 주의하다
Watch for a signal 신호를 지켜 보아라

The LORD **watches** over you(Psalms 121:5)

여호와는 여러분을 지켜 주십니다(시 121:5)

280 store [stɔ:r] stored - stored

⑧ 비축하다, 저장하다 | ⑲ 가게, 상점, 저장, 비축
keep food in store 식량을 비축하다

My son, if you **store** up my commands within you (Proverbs 2:1)

내 아들아, 내 명령을 마음에 깊이 간직하면(잠 2:1)

✔ If you store는 조건을 나타내는 부사절로서 "간직하면"이라고 해석한다.

281 **understand** [ˌʌndərstǽnd] understood - understood

통 이해하다, 알고 있다
understand how to deal with the matter 그 문제의 해결법을 이해하다

For the LORD gives wisdom, and from his mouth come knowledge and understanding(Proverbs 2:6)

왜냐하면 여호와께서 지식을 주시고 그분으로부터 지식과 총명이 나오기 때문입니다(잠 2:6)

✔ 주어는 knowledge and understanding이다.

282 **teach** [tiːtʃ] taught - taught

통 가르치다, 교습하다, 깨닫게 하다
teach oneself German 독일어를 독학하다

My son, Don't forget my teaching(Proverbs 3:1)

내 아들아, 내 가르침을 잊지 말라(잠 3:1)

283 **lay** [lei] laid - laid

통 ~을 놓다, 설치하다 명 위치, 배치, 상태
lay a book on a desk 책을 책상 위에 두다

Those who lay hold of wisdom will be blessed (Proverbs 3:28)

지혜를 잡는 자에게 복을 준다(잠 3:18)

✔ who는 those를 선행사로 하는 주격 관계대명사이다.

284 **hold** [hould] held - held

(동) ~을 잡다, ~을 소유하다, ~을 지키다
laugh holding one's side 배를 쥐고 웃다

Hold on to instruction, do not let it go; for it is your life (Proverbs 4:13)

교훈을 굳게 붙들고 놓지 마라, 교훈을 잘 지켜라. 그것이 네 생명이다(잠 4:13)

✔ let은 사역동사이어서 to go가 아니라 go를 쓴다.

---

285 **rejoice** [ridʒɔ́is] rejoiced - rejoiced

(동) 기뻐하다, 축하하다, 좋아하다
Your letter rejoiced my hear 네 편지는 정말로 기뻤다

And may you rejoice in the wife of your youth (Proverbs 5:18)

네가 젊어서 얻은 아내를 즐거워하여라(잠 5:18)

---

286 **win** [win] won - won

(동) 이기다, 승리를 얻다, 얻다
You can't win them all 언제나 잘 될꺼란 법은 없어, 상심하지마

He who wins soul is wise(Proverbs 11:30)

지혜로운 자는 사람을 얻는다(잠 11:30)

---

287 **seem** [si:m] seemed - seemed

(동) ~인 것 같다, ~인 듯하다
He seems an honest man 그는 정직한 사람인 것 같아

The way of a fool seems right to him(Proverbs 12:15)

미련한 자는 자기 행동이 바르다고 여긴다(잠 12:15)

288 **rule** [ru:l] ruled - ruled

⑧ 통치하다, 지배하다, 관리하다 | ⑲ 규칙, 규정, 법칙, 지배
the rule of force 무력정치
as a rule 대체로, 일반적으로

Diligent hands will rule(Proverbs 12:24)

부지런한 사람은 남을 다스리겠지만(잠 12:24)

---

289 **grow** [grou] grew - grown

⑧ 자라다, 성장하다, ～이 되다
My troubles are growing 골칫거리가 점점 더하고 있다

He who walks with the wise grows wise(Proverbs 13:20)

지혜로운 자들과 함께 걸으면 지혜롭게 되지만(잠 13:20)

✔ the wise는 wise people 이며 "지혜로운 사람들"이라고 해석한다.

---

290 **pay** [pei] paid - paid

⑧ 지불하다, 갚다, 치르다 | ⑲ payment 지불, 납부, 지불금액, 상환
pay in full 전액을 지불하다

If a man pays back evil for good, evil will never leave his house(Proverbs 17:13)

배은망덕하면, 재앙이 그의 집에서 늘 떠나지 않을 것이다(잠 17:13)

---

291 **get** [get] got - got(ten)

⑧ 얻다, 갖게 되다, 벌다
get away with 잘 해내다, 교묘히 모면하다

He who gets wisdom loves his own soul(Proverbs 19:8)

지혜를 얻는 자는 자기를 사랑하는 자이며(잠 19:8)

✔ who는 선행사가 who인 주격관계대명사이다.

292 **love** [lʌv] loved - loved

⑧ 사랑하다, 연민하다, 좋아하다 사랑, 연모, 호의

You are my son whom I **love** with you I am well pleased (Mark 1:11)

너는 내 사랑하는 아들이다. 내가 너로 말미암아 매우 기쁘다 (막 1:11)

✔ whom은 선행사가 my son인 목적격관계대명사이다(생략가능)

---

293 **train** [trein] trained - trained

⑧ 가르치다, 교육하다(=educate) 양성하다(=cultivate)

Train a child in the way he should go(Proverbs 22:6)

아이에게 올바른 길을 가르쳐라(잠 22:6)

✔ the way와 he 사이에 how가 숨어 있다.

---

294 **join** [dʒɔin] joined - joined

⑧ 결합하다, 합류하다 | ⑲ joint 접합, 이음새, 접합부분
The Ohio joins the Mississippi 오하이오 강을 미시시피 강에 합류한다

Do not **join** those who drink much wine(Proverbs 23:20)

술을 탐하는 자와 어울리지 말라(잠 23:20)

✔ who는 주격관계대명사 those who는 "~하는 사람들" 해석한다.

295 **receive** [risíːv] received - received

동 받다, 수령하다, 이해하다 | 명 reception 받기, 수령, 환영
receipt 수취, 영수, 수령, 수취한 물건
she received a good education 그녀는 훌륭한 교육을 받았다

The crucible for silver and the furnace for gold, but the man is tested by the praise he **receives**
(Proverbs 27:21)

도가니로 은을 풀무로 금을 연단하듯이 칭찬은 사람됨을 달아 볼 수 있다(잠 27:21)

✔ the praise와 he 사이에 목적격관계대명사 (that이나 which)생략됨.

---

296 **remove** [rimúːv] removed - removed

동 옮기다, 제거하다 | 명 removal 제거, 살해, 이동, 면직
remove a name from a list 명단에서 이름을 삭제하다

When the hay is **removed** and new growth appears
(Proverbs 27:25)

풀을 베면 다시 싹이나니(잠 27:25)

✔ is removed는 수동태로서 "제거되다"로 해석된다.

---

297 **fear** [fiər] feared - feared

동 무서워하다, 걱정하다 | 명 두려움, 불안 |
형 fearful 무서운, 두려운

Blessed is the man who always **fears** the LORD
(Proverbs 28:14)

항상 여호와를 경외하는 사람은 복 되지만(잠 28:14)

298 enjoy [endʒɔ́i] enjoyed - enjoyed

(동) 즐기다, 즐겁게 지내다 | (명) enjoyment 기쁨, 즐거움
enjoy life 생활을 즐기다
How did you enjoy your trip? 여행은 얼마나 즐거웠느냐?

There is nothing better for a man than to **enjoy** his work (Ecclesiastes 3:22)

사람이 자기 일을 즐기는 것보다 나은 것이 없다(전 3:22)

✔ There is nothing better는 "더 좋은 것은 없다"로 해석된다.

---

299 draw [drɔː] drew - drawn

(동) 끌다, 매혹하다, 그리다
draw out 뽑다, 제거하다
draw a boat ashore 보트를 해안으로 끌어 올리다

Let us **draw** near to God with a sincere heart in full assurance of faith(Hebrews 10:22)

진실한 마음과 확실한 믿음을 가지고 하나님께 가까이 나아갑시다 (히 10:22)

✔ let은 사역동사이어서 to draw가 아니고 draw이다.

---

300 fall [fɔːl] fell - fallen

(동) 떨어지다, 추락하다, 쓰러지다
fall across 우연히 만나다

The grass withers and the flowers **fall**, but the word of our God stands forever(Isaiah 40:8)

풀은 마르고 꽃은 시들지만 우리 하나님 말씀은 언제나 이루어진다 (사 40:8)

Check up (261~300)

A

주어진 단어의 뜻을 우리말로 쓰세요.

1. record __________
2. hear __________

3. draw __________
4. join __________

5. receive __________
6. pay __________

7. love __________
8. lay __________

9. win __________
10. understand __________

B

주어진 뜻에 따라 빈칸에 알맞은 단어를 쓰세요.

1. 독일어를 독학하다 t________ oneself German

2. 신호를 지켜 보아라 w________ for a signal

3. 기뻐 마음이 설레다 s________ for joy

4. 식량을 비축하다 keep fed in s________

5. 이구동성으로 동의하다 s________ with one voice

C

짝지어진 두 단어의 관계가 나머지 것과 다른 것을 고르세요.

1. ① fly – flight   ② record – record
   ③ enter – entrance   ④ win – lose

2. ① teach – teacher   ② cook – cooker
   ③ win – winner   ④ rule – ruler

D

주어진 단어의 뜻으로 가장 알맞은 것을 고르세요.

1. **train**   ① 성장하다   ② 훈련시키다   ③ 데리고 가다   ④ 얻다

2. **fear**   ① 이끌다   ② 두려워하다   ③ 결합하다   ④ 실망하다

3. **join**   ① 결합하다   ② 기뻐하다   ③ 그리다   ④ 없애다

4. **remove**   ① 떨어지다   ② 옮기다   ③ 이해하다   ④ 지불하다

5. **seem**   ① 벌다   ② 교육하다   ③ 얻다   ④ ~인 듯하다

6. **pay**   ① 자라다   ② 파괴시키다   ③ 사다   ④ 지불하다

7. **fall**   ① 떨어지다   ② 떨어뜨리다   ③ 껴안다   ④ 거절하다

8. **enjoy**   ① 비축하다   ② 즐기다   ③ 옮기다   ④ 나아가다

9. **lay**   ① 놓다   ② 이기다   ③ 가르치다   ④ 그리다

10. **hold**   ① 소유하다   ② 이해하다   ③ 가르치다   ④ 걱정하다

301 **bear** [bɛər] bore - born(e)

동 낳다, 지니다, 참다, (열매를)맺다
be born of ~에서 태어나다

It is good for a man to **bear** the yoke while he is young (Lamentations 3:27)

사람이 젊을 때에 자기 멍에를 메는 것이 좋다(애 3:27)

---

302 **press** [pres] pressed - pressed

동 누르다, 밀어부치다 | 명 pressure 압축, 밀기, 압력
press the button 단추를 누르다

Let us acknowledge the LORD, let us **press** on to acknowledge him(Hosea 6:3)

여호와를 알자, 우리가 여호와를 아는데 전력하자(호 6:3)

✔ Let은 사역동사이어서 to acknowledge가 아니라 acknowledge 이다.

---

303 **wear** [wɛəːr] wore - worn

동 입다, 기르다, 닳다
wear (out, down, off) 닳게 하다, ~을 지치게 하다

Therefore I tell you, do not worry about your life, what you will eat or drink; or about your body, what you will **wear**(Matthew 6:25)

내가 너희에게 말한다. 너희 목숨을 위하여 무엇을 먹을까, 또는 무엇을 마실까 걱정하지말라 몸을 위하여 무엇을 입을까 걱정하지 마라(마 6:25)

304 **borrow** [bɔ́(:)rou] borrowed - borrowed

⑧ 빌다, 차용하다
I neither borrow nor lend 나는 돈을 빌려주지도 빌어 쓰지도 않는다

Do not turn away from the one who wants to **borrow** from you(Matthew 5:42)

네게 꾸러온 사람을 거절하지 말라(마 5:42)

✔ who는 the one이 선행사인 "주격관계대명사"이다.

305 **worry** [wə́:ri] worried - worried

⑧ 걱정, 근심하다, 고민하다 | ⑱ worrisome 귀찮은, 성가신
worry about 걱정, 근심하다

Who of you by **worrying** can add a single hour to his life? (Matthew 6:27)

너희 중에 누가 걱정해서 자기의 수명을 조금이라도 연장할 수 있겠느냐? (마 6:27)

✔ by는 전치사이어서 동명사를 써야 한다.

306 **lose** [lu:z] lost - lost

⑧ 잃다, 잃어버리다
lose one's temper 화를 내다

Whoever **loses** his life for my sake will find it. (Matthew 10:39)

나를 위하여 자기 목숨을 버리는 자는 얻게 될 것이다(마 10:39)

✔ whoever는 "하는 사람은 누구나"라고 해석한다(복합관계대명사)

307　**doubt** [daut]　doubted - boubted

⑧ 의심하다, 의혹을 품다
make(=have) no doubt ～을 확신하다

"You of little faith", he said, "Why did you **doubt**?"
(Matthew 14:31)

믿음이 적은 사람아, 왜 의심하느냐(마 14:31)

308　**save** [seiv]　saved - saved

⑧ 구하다, 구해내다, 구조하다
save trouble 수고를 덜다

He who stands firm to the end will be **saved**
(Matthew 24:13)

끝까지 견디는 사람은 구원을 얻을 것이다(마 24:13)

✔ 조동사(will)다음에는 수동태를 쓸 때 be 동사 원형인 "be"를 쓰며 해석은 "구원받다"라고 한다.

309　**come** [kʌm]　came - came

⑧ 오다, 도착하다, 도달하다
come after ～의 뒤를 잇다
come and go 오락가락하다

Therefore keep watch, because you do not know on what day your LORD will **come**(Matthew 24:42)

그러므로 항상 깨어있어라, 왜냐하면 언제 너희 주님께서 오실지 너희가 알지 못하기 때문이다(마 24:42)

✔ because는 이유부사절이며 "～때문에" 라고 해석한다.

310 hang [hæŋ] hung - hung
hanged - hanged - hanged

(동) 매달다, 교수형에 처하다
hang on 매달리다

Then he went away and **hanged** himself(Matthew 27:5)

유다는 나가서 목매어 자살했습니다(마 27:5)

---

311 burden [bə́:rdn] burdened - burdened

(동) 짐싣다, 부담주다 | (명) 짐, 부담, 의무
burden a horse with firewood 말에 장작을 싣다.

Come to me, all you who are weary and **burdened**,
and I will give you rest(Matthew 11:28)

무거운 짐을 지고 지친 사람은 모두 나에게 오너라, 내가 너희를 쉬
게 하리니(마 11:28)

✔ who는 all you가 선행사인 주격관계대명사이다.

---

312 live [liv] lived - lived

(동) 살다, 생존하다
live a happy life 행복하게 살다

Jesus answered, "Man does not **live** on bread alone."
(Luke 4:4)

예수님께서 대답하셨습니다. "사람이 빵으로만 살 것이 아니다."
(눅 4:4)

---

313 judge [dʒʌdʒ] judged - judged

(동) 판단하다, 심리하다 | (명) judgement 판단, 심리
judge from(=by) ~으로 판단하건대

Do not **judge**, and you will not be judged(Luke 6:37)

비판하지마라, 그러면 너희도 비판을 받지 않을 것이다(눅 6:37)

✔ 조동사(will) 다음의 수동형은 be 동사원형 "be"를 쓰며 해석은
"판단받다" 라고 한다.

314 pierce [piərs] pierced - pierced

동 꿰뚫다, 관통하다 | 형 piercing 꿰뚫는
pierce the wall 벽을 관통하다

But he was **pierced** for our transgressions(Isaiah 53:5)

그러나 그가 상처를 입은 것은 우리의 허물 때문이고(사 53:5)

315 knock [nɑk] knocked - knocked

동 차다, 두드리다, 부딪히다
knock down 때려 눕히다

Knock and the door will be opened(Luke 11:9)

두드려라, 그러면 문이 너희에게 열릴 것이다(눅 11:9)

316 set [set] set - set

동 두다, 놓다, ~맡기다
set about ~에 착수하다, 시작하다

And do not **set** your heart on what you will eat or drink; do not worry about it(Luke 12:29)

그러므로 먹을 것과 마실 것을 구하지 말고 염려하지 말라(눅 12:29)

317 fathom [fæðəm] fathomed - fathomed

동 헤아리다, 깊이를 재다. 통찰하다
fathomable 잴수있는

Yet they can not **fathom** what God has done from beginning to end(Ecclesiastes 3:11)

하나님께서 처음부터 마지막까지 행하실 일은 다 깨달을 수 없다
(전 3:11)

318 **perish** [pérﬁ] perished - perished

동 죽다, 사라지다, 굶어 죽다
perish with famine 굶어 죽다

Whoever believe in him shall not **perish** but have eternal life(John 3:16)

누구든지 그의 아들을 믿는 사람은 멸망하지 않고 영생을 얻게 하려 하심이다(요 3:16)

---

319 **must** [mʌst] had to(의무) - must have+p.p(추측)

동 ~해야 한다
you must not tell a lie 거짓말을 하면 안 된다

God is spirit, and his worshipers **must** worship in spirit and in truth(John 4:24)

하나님께서는 영이시기 때문에 하나님께 예배하는 사람들은 반드시 영과 진리로 예배를 해야만 하오(요 4:24)

---

320 **believe** [bilíːv] believed - believed

동 신뢰하다, 믿다, 생각하다
believe it or not 믿거나 말거나

Don't you **believe** that I am in the father, and that the father is in me?(John 14:10)

너는 내가 아버지 안에 있고, 아버지께서 내 안에 계신 것을 믿지 못하느냐?(요 14:10)

---

321 **finish** [fíniﬁ] finished - finished

동 ~을 끝내다, 끝마치다
finish with ~을 끝내다, 절교하다

Jesus said "It is **finished**," with that, he bowed his head and gave up his spirit(John 19:30)

다 이루었다 말씀을 하신 후 고개를 아래로 떨구시고 운명하셨습니다(요 19:30)

322 **shut** [ʃʌt] shut - shut

⑧ 잠그다, 닫다, 가두다(=confine)
shut down (창 따위를) 내리다

I will place on his shoulder the key to the house of David; what he opens no one **shut** open.

내가 또 다윗집의 열쇠를 그의 어깨에 걸어 주겠다 그가 문을 열면 아무도 닫지 못하며

---

323 **divide** [diváid] divided - divided

⑧ 분할하다, 나누다
divide profits with workmen 이익을 노동자와 나누어 갖다

When the soldiers crucified Jesus, they took his clothes, **dividing** them into four shares(John 19:23)

군인들은 예수님을 십자가에 못 박은 뒤에, 그의 옷을 네 조각으로 나누었습니다(요 19:23)

✔ the soldiers crucified Jesus는 3형식이며 "군인들이 예수님을 십자가에 못을 박았다"로 해석한다.

---

324 **throw** [θrou] threw - thrown

⑧ 던지다, 발사하다, 분출하다
throw away ~을 던져 버리다

"**Throw** your net on the right side of the boat and you will find some." (John 21:6)

그 물을 배 오른편에 던져라. 그러면 고기를 잡을 것이다(요 21:6)

✔ Throw ~ and는 조건명령문이며 "던져라 그러면 ~하리라"로 해석된다.

325 **control** [kəntróul] controlled - controlled

(동) 지배하다, 억제하다
get out of control 억제할 수가 없다

But the mind **controlled** by the spirit is life and peace
(Romans 8:6)

성령의 지배를 받는 사람의 생각은 생명과 평강입니다(롬 8:6)

✔ is의 주어는 the spirit가 아니라 the mind이다.

326 **sow** [sou] sowed - sowed, sown

(동) 뿌리다, 심다, 씨앗을 뿌리다
sow flower seeds in a garden 정원에 화초의 씨를 뿌리다

It is **sown** a natural body, it is raised a spiritual body
(1 Corinthians 15:44)

자연적인 몸을 심지만, 신성한 몸으로 다시 살아납니다(고전 15:44)

327 **strike** [straik] struck - struck

(동) 찌르다, 때리다, 공격하다
strike while the iron is hot 쇠는 달았을 때 두드려라

Struck down, but not destroyed(2 Corinthians 4:9)

매를 맞아 넘어져도 망하지 않습니다(고후 4:9)

328 **fear** [fiər] feared - feared

(동) 무서워하다, 두려워하다
in fear of ~을 걱정하여

I **fear** for you, that somehow I have wasted my efforts
on you(Galatians 4:11)

내가 여러분을 위해 애쓴 것이 헛된 일이 될까봐 두렵습니다(갈 4:11)

✔ have wasted는 현재완료형태이다.

329 **carry** [kǽri] carried - carried

통 운반하다, 가지다, 촉구하다
carry away ~을 가져가 버리다, 운반하다

Carry each other's burdens, and in this way you will fulfill the law of Christ(Galatians 6:2)

서로 다른 사람의 짐을 들어 주십시오. 그것이 그리스도의 법을 이루는 길입니다(갈 6:2)

---

330 **become** [bikʌ́m] became - become

통 ~이 되다, 생기다, 어울리다
become of(what, whatever를 주어로하여) …는 어떻게 되나
what has become of him? 그는 어떻게 되었을까?

Let us not **become** weary in doing good(Galatians 6:9)

선한 일을 하다가 낙심하지 말아야 합니다(갈 6:9)

---

331 **continue** [kəntínjuː] continued - continued

통 계속하다, 연속되다
to be continued 다음 호에 계속

But now much more in my absence - **continue** to work out your salvation with fear and trembling
(Philippians 2:12)

내가 곁에 없을 때 하나님이 주신 구원을 이루기 위해 두려움과 떨림으로 늘 힘쓰시기 바랍니다(빌 2:12)

✔ with fear는 "두려움과"라고 해석된다.

332 **appear** [əpíər] appeared - appeared

⑧ 출현하다, 나타나다

When Christ, who is your life, **appears**, then you also will appear with him in glory(Colossians 3:4)

여러분 모두는 참 생명이신 그리스도께서 다시 오시는 날, 영광 가운데 그분과 함께 거하게 될 것입니다(골 3:4)

✔ who는 주격관계대명사의 계속적 용법(,가 있다)이며 and he로 바꾸어 쓸 수 있다.

333 **long** [lɔːŋ] longed - longed

⑧ 열망하다, 갈망하다
long for something new 새로운 것을 갈망하다

I **long** to see you, so that I may be filled with joy (2 Timothy 1:4)

어서 빨리 그대를 만나고 싶습니다. 다시 만나면 얼마나 기쁘겠습니까?(딤후 1:4)

✔ So that s+may는 "~하려고(목적)"을 의미한다.

334 **correct** [kərékt] corrected - corrected

⑧ 고치다, 바로잡다
correct a printer's proof 교정쇄를 교정하다

All Scripture is God-breathed and is useful for teaching, rebuking, **correcting** and training in righteousness(2 Timothy 3:16)

모든 성경 말씀은 하나님의 감동을 주서서 기록되었기 때문에 진리를 가르쳐주며, 의롭게 사는 법을 가르쳐 줍니다(딤후 3:16)

✔ teaching, rebuking, correcting은 for에 영향을 받아서 ~ing를 쓴다.

335 **spoil** [spɔil] spoilt - spoilt

⑧ 망쳐놓다, 상하게 하다 | ⑲ 망치게하는 사람

Do not work for food that spoils, but for food that endures to eternal life(John 6:27)

썩어 없어지는 음식을 위해 일하지 말고 영원히 있어서 영생을 주는 음식을 위해 일하여라(요 6:27)

336 **should** [ʃud]

⑧ ～해야 한다
I(we) should like to do ～하고 싶다

Each one should use whatever gift he has received to serve others(1 Peter 4:10)

각자에게 특별한 다른 선물을 주심으로, 하나님의 은혜를 알게 하셨습니다(벧전 4:10)

✔ whatever는 복합관계대명사이며 "무엇이든지"로 해석한다.

337 **invite** [inváit] invited - invited

⑧ 초대하다, 초청하다 | ⑲ invitation 초대
invite a person for lunch 남을 점심에 초대하다

"Blessed are those who are invited to the wedding supper of the lamb."(Revelation 19:9)

"어린 양의 결혼 잔치에 초대 받은 자는 복이 있다."(계 19:9)

✔ are invited는 수동태로써 "초대받다"라고 해석 된다.

338 **drink** [driŋk] drank - drunk

⑧ 마시다, 빨아들이다, 흡수하다
be in drink 취해 있다

Don't join those who drink too much wine
(Proverbs 23:20)

술을 탐하는 자와 어울리지 말라(잠 23:20)

339 **drive** [draiv] drove - driven

동 몰아내다, 추방하다
drive away 쫓아버리다

But perfect love drives out fear(1 John 4:18)

사랑이 있는 곳에는 두려움이 없습니다(요일 4:18)

---

340 **succeed** [səksíːd] succeeded - succeeded

동 성공하다 | 형 successful 성공적인
succeed in business 사업에 성공하다

Commit to the LORD whatever you do, and your plans will succeed(Proverbs 16:3)

너의 일을 여호와께 맡겨라, 그러면 너의 계획이 성공할 것이다
(잠 16:3)

Check up (301~340)

A

주어진 단어의 뜻을 우리말로 쓰세요.

1. borrow __________   2. wear __________

3. succeed __________   4. drive __________

5. invite __________   6. correct __________

7. long __________   8. continue__________

9. knock __________   10. judge __________

B

주어진 뜻에 따라 빈칸에 알맞은 단어를 쓰세요.

1. 단추를 누르다   p________ the button

2. 수고를 덜다   s________ the trouble

3. 착수하다   s________ about

4. 믿거나 말거나   b________ it or not

5. 굶어 죽다   p________ with famine

C

짝지어진 두 단어의 관계가 나머지 것과 다른 것을 고르세요.

1. ① finish – start　　　② borrow – lend
   ③ shut – open　　　　④ suffer – pain

2. ① divide – division　　② appear – disappear
   ③ believe – belief　　　④ succeed – success

D

주어진 단어의 뜻으로 가장 알맞은 것을 고르세요.

1. **doubt**　① 사라지다　② 의심하다　③ 던지다　④ 빌리다

2. **perish**　① 믿다　② 사라지다　③ 나누다　④ 수령하다

3. **divide**　① 나누다　② 찌르다　③ 뿌리다　④ 계속하다

4. **finish**　① 운반하다　② 마시다　③ 계속하다　④ 끝마치다

5. **carry**　① 나타나다　② 운반하다　③ 초대하다　④ 알다

6. **invite**　① 초대하다　② 바라다　③ 생각하다　④ 연구하다

7. **long**　① 열망하다　② 주의하다　③ 노력하다　④ 없어지다

8. **hang**　① 믿다　② 매달다　③ 포기하다　④ 죽다

9. **throw**　① 태어나다　② 던지다　③ 존중하다　④ 어울리다

10. **press**　① 칭찬하다　② 찬양하다　③ 누르다　④ 연속되다

341 **desire** [dizáiər] desired - desired

동 바라다, 요구하다

Wisdom is more precious than rubies; nothing you
desire can compare with her(Proverbs 3:15)

지혜는 보석보다 값지니, 네가 탐하는 어떤 것과도 비길 수 없다
(잠 3:15)

✔ 단어 끝이 ous, ive, ing, ful 등으로 끝나면 비교급은 more를 최
상급은 most를 쓴다.

---

342 **belong** [bilɔ́:ŋ] belonged - belonged

동 속하다, 소유하다, ~관계하다 | 명 belonging 소유물, 소지품

He who belongs to God hears what God says(John 8:47)

하나님께 속한 사람은 하나님께서 하시는 말씀을 듣는 법이다
(요 8:47)

---

343 **create** [kriéit] created - created

동 창조하다, 창출하다(=produce)
create a dram 극을 창작하다

In the beginning God created the heavens and the
earth(Genesis 1:1)

태초에 하나님께서 하늘과 땅을 창조하셨습니다(창 1:1)

✔ heaven과 earth는 하나 밖에 없기 때문에 the를 쓴다.

344 fill [fil] filled - filled

⑧ 가득 채우다, 충만하다
fill in ~을 메우다

"Be fruitful and increase in number; fill the earth and subdue it."(Genesis 1:28)

"자녀를 많이 낳고 번성하여 땅을 채워라. 땅을 정복하여라."
(창 1:28)

---

345 form [fɔːrm] formed - formed

⑧ 형태를 취하다, 모양을 만들다 | ⑱ formal 모양의, 형식을 갖춘

The LORD God formed the man from the dust of the ground(Genesis 2:7)

여호와 하나님께서 땅의 흙으로 사람을 지으셨습니다(창 2:7)

---

346 breathe [briːð] breathed - breathed

⑧ 호흡하다, 숨을 쉬다
breath again 다시 숨을 쉬다

And the LORD breathed into his nostrils the breath of life, and the man became a living being(Genesis 2:7)

그리고 사람의 코에 생명의 숨을 불어 넣으시니, 사람이 생명이 된지라(창 2:7)

✔ living being은 living thing과 같다.

---

347 bless [bles] blessed - blessed

⑧ 축복을 주다, 찬양하다
God bless you! 그대에게 신의 축복이 있기를!

I will surely bless you(Genesis 22:17)

내가 분명히 너에게 복을 주고(창 22:17)

348 **worship** [wə́:rʃip] worshiped - worshiped

동 예배하다
worship money 돈을 숭배하다

I bowed down and **worshiped** the LORD(Genesis 24:48)
저는 머리 숙여 여호와께 감사드렸습니다(창 24:48)

---

349 **despise** [dispáiz] despised - despised

동 경멸하다, 깔보다
despise one's opponent 상대를 얕보다

So Esau **despised** his birthright(Genesis 25:34)
에서는 맏아들의 권리를 대수롭지 않게 여겼습니다(창 25:34)

---

350 **ascend** [əsénd] ascended - ascended

동 오르다, 올라가다, 승진하다
a ascend the stairs 층계를 오르다

The angels of God were **ascending** and descending
on it(Genesis 28:12)
하나님의 천사들이 사다리 위로 오르락 내리락 하고 있었습니다
(창 28:12)
✔ were ascending은 과거진행형이다.

---

351 **celebrate** [séləbrèit] clelebrated - celebrated

동 거행하다(=commemorate), 기념하다, 찬양하다
celebrate a victory 전승을 축하하다

Celebrate the Feast of Unleavened bread(Exodus 12:17)
너희는 무교절을 지켜라(출 12:17)

352 **exalt** [igzɔ́ːlt] exalt - exalt

⑧ 높이다, 승진시키다
exalt a person to a high office 남을 높은 관직으로 승진시키다

I will **exalt** him(Exodus 15:2)

내가 주님을 높이리라(출 15:2)

353 **stretch** [stretʃ] stretched - stretched

⑧ 펴다, 뻗다, 내밀다(out)
stretch out ~을 늘리다, 펼치다

You **stretched** out your right hand(Exodus 15:12)

주께서 오른손을 뻗치시니(출 15:12)

354 **swallow** [swálou] swallowed - swallowed

⑧ 삼키다, 둘러싸다
swallow one's words 앞서 한 말을 취소하다

And the earth **swallowed** them(Exodus 15:12)

땅이 그들을 삼켰습니다(출 15:12)

355 **heal** [hiːl] healed - healed

⑧ 고치다, 치유하다(=cure)
heal disease 병을 고치다

For I am the LORD, who **heals** you(Exodus 15:26)

나는 너희를 치료하는 여호와이다(출 15:26)

✔ who는 the LORD를 선행사로 하는 주격관계대명사이다.

356 **revenge** [rivéndʒ] revenged - revenged

동 원수 갚다 | 형 revengeful 복수심에 불타는
revenge a wrong 부당한 행위에 보복하다

Do not revenge or bear a grudge against one of your people(Leviticus 19:18)

네 이웃에 대해 복수를 하거나 앙심을 품지 말고(레 19:18)

357 **rebel** [ribel] rebelled - rebelled

동 거역하다, 반역하다 | 명 반역자 | 명 rebellion 모반, 반란

Only do not rebel against the LORD(Numbers 14:9)

여호와를 배반하지 마십시오(민 14:9)

358 **observe** [əbzə́ːrv] observed - observed

동 관찰하다, 지키다, 거행하다 |
명 observation 관찰, 주시, 감시 | 명 observance 준수

Observe them carefully, for this will show your wisdom and understanding(Deuteronomy 4:6)

마음을 다하여 이 율법에 복종하시오. 이로 말미암아 다른 백성들이 여러분에게 지혜가 있음을 알 것이오(신 4:6)

359 **pray** [prei] prayed - prayed

동 간청하다, 기도하다
pray for pardon 용서를 빌다

The LORD our God is near us whenever we pray to him.(Deuteronomy 4:7)

우리 하나님 여호와께서는 우리가 기도할 때마다 우리에게 가까이 오신다오(신 4:7)

✔ whenever은 복합관계대명사이며 '~할 때는 언제든지' 해석한다.

360 **abandon** [əbǽndən] abandoned - abandoned

⑧ 단념하다, 포기하다(=give up)

He will not **abandon** or destroy you(Deuteronomy 4:31)

주님께서는 여러분을 버리지도 멸망시키지도 않으실 것이오(신 4:31)

---

361 **terrify** [térəfài] terrified - terrified

⑧ 두려워하게 하다, 무서워하게 하다
be terrified out of one's senses 놀라서 혼비백산하다

Do not be **terrified**(Deuteronomy 7:21)

그들을 두려워하지 마시오(신 7:21)

✔ '~하지 말라'는 문장 앞에 Do not(Don't)를 쓴다.

---

362 **harbor** [há:rbər] harbored - harbored

⑧ 숨기다, 감추다(=conceal) 의심을 품다
harbor suspicion against a person 남에 대해 의심을 품다

Not to **harbor** this wicked thought(Deuteronomy 15:9)

나쁜 생각을 가지지 않도록 조심하시오(신 15:9)

---

363 **obey** [oubéi] obeyed - obeyed

⑧ 따르다, 복종하다
obey the laws of nature 자연의 법칙에 따르다

If you fully **obey** the LORD your God, the LORD your God will set you high above all the nations on earth (Deuteronomy 28:1)

여러분은 하나님 여호와께 온전히 복종하시오. 그러면 하나님 여호와께서 여러분을 땅 위의 어떤 민족보다 더 크게 해 주실 것이오 (신 28:1)

✔ your God will set you high는 5형식 구문이다.

discourage [diskə́:ridʒ] discouraged - discouraged

동 용기를 잃게 하다, 방해하다 | 명 discouragement 낙담, 절망
be discouraged at ~에 낙담하다.

Do not be afraid, do not be **discouraged**
(Deuteronomy 31:8)

두려워 말라, 걱정하지 말라(신 31:8)

---

let [let] let - let

동 하게 하다, 허락하다
let out a scream 비명을 지르다

Let the peace of Christ rule in your heart(Colossians 3:15)

그리스도께 받은 평화로 여러분 마음을 다스립시오(골 3:15)

✔ Let은 사역동사(시키다)이어서 to rule가 아니라 rule을 쓴다.

---

descend [disénd] descended - descended

동 내리다, 하강하다 | 명 descendant 자손
descended from ~의 자손이다

Let my words **descend** like dew(Deuteronomy 32:2)

내 가르침은 내리는 비와 같고(신 32:2)

✔ Let은 사역동사로서 to descend가 아니라 descend를 쓴다.

367 **forsake** [fəːrséik] forsook - forsaken

동 버리다, 그만두다 abandon(=give up)
forsake one's home town 고향을 저버리다

I will never leave nor **forsake** you(Joshua 1:5)

나는 너를 떠나지 않을 것이며 결코 너를 홀로 내버려 두지 않을 것이다(수 1:5)

✔ nor은 '역시 ~하지 않는다'의 의미로 not either의 약자이다.

368 **conceive** [kənsíːv] conceived - conceived

동 마음에 그리다, 임신하다 |
형 conceivable 상상할 수 있는, 있음직한
conceive a plan 계획을 세우다

Because you will **conceive** and give birth to a son.
(Judges 13:5)

너는 임신하여 아들을 낳을 것이다(삿 13:5)

369 **sustain** [səstéin] sustained - sustained

동 떠받치다, 유지하다 | 형 sustainable 지탱할 수 있는

He will renew your life and **sustain** you in your old age(Ruth 4:15)

아이는 당신에게 삶의 의미를 불어 넣어 주었고 당신이 늙었을 때 당신을 놀보아 줄 사입니다(룻 4:15)

370 **look** [luk] looked - looked

동 보다, 주목하다, 처럼보이다, look-out 경계, 망보기
look off 외면하다
look aside 옆을 보다

Why do you **look** at the speck of sawdust in your brother's eye and pay no attention to the plank in your own eye?(Matthew 7:3)

어찌하여 네 형제의 눈 속에 있는 작은 티는 보면서 네 눈 속에 있는 나무토막은 보지 못하느냐(마 7:3)

371 **bring** [briŋ] brought - brought

동 가져오다, 데려오다
Bring me a cup of tea 차 한잔 주세요

Humility and the fear of the LORD bring wealth and honor and life(Proverbs 22:4)

사람이 겸손히 여호와를 경외하면 재물과 명예와 형통을 얻는다
(잠 22:4)

✔ humility와 the fear가 주어(2개)이어서 brings가 아니라 bring 이다.

---

372 **meditate** [médətèit] meditated - meditated

동 계획하다, 묵상하다, 숙고하다 | 형 meditation 묵상, 명상

God may meditate for him(1Samuel 2:25)

하나님께서 도와주실 수 있으나(삼상 2:25)

---

373 **assemble** [əsémbəl] assembled - assembled

동 소집하다(=gather) 조립하다
assemble a crew 승무원을 결합시키다

"Assemble all Israel at Mizpah."(1Samuel 7:5)

"모든 이스라엘 사람들은 미스바로 모이시오."(삼상 7:5)

✔ Assemble는 명령문으로 "모여라"로 해석된다.

---

374 **establish** [istǽbliʃ] established - established

동 설립하다, 설치하다, ~을 쌓다 | 명 establishment 설립, 설치
establish a business 사업을 시작하다

I will establish the throne of his kingdom forever
(2 Samuel 7:13)

나는 그의 나라를 영원히 강하게 만들 것이다(삼하 7:13)

 spill [spil] spilled - spilled

ⓢ 엎지르다, ~를 흘리다
spill salt 소금을 엎지르다

Like water **spilled** on the ground, so we must die
(2 Samuel 14:14)

우리는 땅에 쏟아진 물과 같아서 우리는 언젠가 죽을 것입니다
(삼하 14:14)

✔ spilled는 앞에 water를 꾸며주는 과거분사이다.

---

376 **extinguish** [ikstíŋgwiʃ] extinguished - extinguished

ⓢ 끄다, 진화하다 | ⓜ extinction 끄기, 꺼지기
extinguish a fire 화재를 진화하다

"So that the lamp of Israel will not be **extinguished**."
(2 Samuel 21:17)

"이스라엘의 등불이 꺼지는 것과 같습니다."(삼하 21:17)

✔ be extinguished는 수동태로써 "꺼지다"를 해석되다.

---

377 **offer** [ɔ́(:)fər] offered - offered

ⓢ ~에게 권하다, 제공하다, 제출하다 | ⓜ offerer 신청자, 제공자
offer one's help 원조를 제외하다

The prayer **offered** in faith will make the sick person
well(James 5:15)

믿음을 가지고 하는 기도는 병든 사람을 낫게 할 것입니다(약 5:15)

✔ 주어는 the prayer이며 make the sick person well은 5형식 구
조이다.

 restore [ristɔ́:r] restored - restored

동 회복하다, 부활하다, (건강을)되찾다 |
명 restoration 복구, 부활, 반환
restore order 질서를 회복하다

Your flesh will be **restored** and you will be cleaned
(2 Kings 5:10)

당신의 피부가 고침을 받아 깨끗해질 것이오(왕하 5:10)

✔ be restored와 be cleaned는 수동태이어서 "회복하다, 치유하
다"로 해석한다.

---

379 **dip** [dip] dipped - dipped
동 담그다, 적시다, 기울다
dip the bread in the milk 빵을 밀크에 살짝 적시다

So he went down and **dipped** himself in the Jordan
seven times(2 Kings 5:14)

그리하여 나아만은 내려가서 엘리사가 말한대로 요단 강에 몸을 일
곱 번 담갔습니다(왕하 5:14)

✔ seven times는 일곱 번을 의미한다.

---

380 **deliver** [dilívər] delivered - delivered

동 구출하다, 배달하다, 전하다 |
명 deliverance 구출, 구조, 해방
deliver oneself of 공표하다

It is he who will **deliver** you from the hand of all your
enemies(2 Kings 17:39)

그가 너희의 모든 원수에게서 너희를 구원해 주실 것이다(왕하 17:39)

Check up (341~380)

A
주어진 단어의 뜻을 우리말로 쓰세요.

1. desire __________   2. create __________

3. despise __________   4. stretch __________

5. heal __________   6. rebel __________

7. forsake __________   8. obey __________

9. assemble__________   10. deliver __________

B
주어진 뜻에 따라 빈칸에 알맞은 단어를 쓰세요.

1. 좋은 습관을 들이다   f________ a good habit

2. 영원한 반석   r________ eternal

3. 알약을 삼키다   s________ a pill

4. 계단을 올라가다   a________ the stairs

5. 용서를 빌다   p________ for pardon

C

짝지어진 두 단어의 관계가 나머지 것과 다른 것을 고르세요.

1. ① heal – cure   ② abandon – give up
   ③ harbor – conceal   ④ conceive – sustain

2. ① celebrate – celebration   ② create – creative
   ③ rebel – rebellion   ④ descend – descendant

D

주어진 단어의 뜻으로 가장 알맞은 것을 고르세요.

1. **restore**   ① 담그다   ② 회복하다   ③ 바치다   ④ 거주하다

2. **extinguish** ① 계획하다 ② 구분하다   ③ 끄다   ④ 가져오다

3. **offer**   ① 제공하다 ② 축하하다   ③ 소집하다   ④ 쫓다

4. **assemble**   ① 고집하다 ② 버리다   ③ 두려워하다 ④ 올라가다

5. **meditate**   ① 설립하다 ② 묵상하다   ③ 하강하다   ④ 따르다

6. **rejoice**   ① 제공하다 ② 압도하다   ③ 기뻐하다   ④ 넘어지다

7. **sustain**   ① 복종하다 ② 떠받치다   ③ 구제하다   ④ 소생시키다

8. **obey**   ① 감추다   ② 참다   ③ 복종하다   ④ 허락하다

9. **let**   ① 허락하다 ② 돌보다   ③ 무시하다   ④ 존경하다

10. **observe**   ① 치유하다 ② 두려워하다 ③ 관찰하다   ④ 보존하다

381 **sow** [sou] sowed - sowed, sown

통 [씨]뿌리다, 심다 | 명 sower 씨뿌리는 사람
sow flower seeds in a garden 정원에 화초 씨앗을 뿌리다

He who **sows** wickedness reaps trouble(Proverbs 22:8)

악을 행하는 자는 재난을 거두고(잠 22:8)

✔ reaps의 주어는 He이다.

---

382 **enlarge** [enláːrdʒ] enlarged - enlarged

통 확대하다, 크게 하다, 넓히다 | 명 enlargement 확대, 확장
an enlarged picture 확대된 사진

You would bless me and **enlarge** my territory!
(1 Chronicles 4:10)

나에게 복을 주십시오. 나에게 땅을 더 많이 주십시오(대상 4:10)

---

383 **endure** [endjúər] endured - endured

통 참다, 견디어 내다, 감당하다 |
명 endurance 인내, 참음, 절제
endure to the last 최후까지 버티다

Give thanks to the LORD, for he is good; his love
endures forever(Psalm 107:1)

여호와께 감사 하십시오. 그분은 선하시며, 그분의 사랑은 영원하십
니다(시 107:1)

384 **devote** [divóut] devoted - devoted

(동) 바치다, 내맡기다, 헌납하다(=dedicate) |
(명) devotion 헌신, 헌납
devote oneself to ~에 헌신하다

Now devote your heart and soul to seeking the LORD your God(1 Chronicles 22:19)

이제 여러분은 마음과 정성을 다하여 여러분의 하나님 여호와를 찾으시오(대상 22:19)

✔ devote to 다음에는 ~ing(동명사)를 사용한다.

385 **dwell** [dwel] dwelt - dwelt, dwelled - dwelled

(동) 거주하다, 살다
dwell in a city 도시에 살다

For God was pleased to have all his fullness dwell in him(Colossians 1:19)

하나님께서는 자신에게 속한 모든 것이 그리스도 안에서 살아가는 것을 기뻐하셨습니다(골 1:19)

386 **possess** [pəzés] possessed- possessed

(동) 가지다, 소유하다, 갖추다 | (명) possession 소유, 점유
be possessed of ~을 소유하다

You may possess this good land(1 Chronicles 28:8)

그러면 이 좋은 땅을 차지할 수 있을 것이고(대상 28:8)

✔ good은 land를 수식하는 형용사이다.

387 **acknowledge** [æknálidʒ]
acknowledge - acknowledged

(동) 인정하다, 승인하다, 자인하다

And you my son, Solomon, acknowledge the God of your father(1 Chronicles 28:9)

나의 아들 솔로몬과 네 조상의 하나님을 모셔 들이고(대상 28:9)

388 **search** [səːrtʃ] searched - searched

동 찾다, 수색하다, 살피다
search out ~을 찾아내다

For the LORD **searches** every heart(1 Chronicles 28:9)

여호와께서는 모든 사람의 마음을 다 아시고(대상 28:9)

✔ the LORD는 3인칭 단수이어서 동사 끝에(e)s를 썼다.

389 **reject** [ridʒékt] rejected - rejected

동 거절하다, 제거하다, 버리다 | 명 rejection 거절, 폐기, 배제

If you forsake him, he will **reject** you forever
(1 Chronicles 28:9)

그에게서 떠나가면 그도 너를 영원히 버리실 것이다(대상 28:9)

✔ If you forsake는 가정법현재 구문이다.

390 **govern** [gʌ́vərn] governed - governed

동 통치하다 | 명 government 통치, 지배, 정치
govern a state 국가(주)를 다스리다

Who is able to **govern** his great people of yours?
(2 Chronicles 1:10)

아무도 이 백성을 다스릴 수 없습니다(대하 1:10)

✔ is able to는 '~할 수 있다'의 의미로 조동사 can과 같이 쓸 수
있다.

391 range [reindʒ] ranged - ranged

(동) 정리하다, 분류하다 (명) 범위, 한도
the range of vision 시야

For the eyes of the LORD range throughout the earth
to strengthen those whose hearts are fully comitted to
him(2 Chronicles 16:9)

여호와께서는 온 땅에서 온전히 여호와께 몸을 맡기는 사람을 찾고
계십니다. 여호와께서는 그런 사람을 강하게 해주기를 원하십니다
(대하 16:9)

✔ 이 문장의 주어는 the eyes(복수)이어서 range를 쓴다.

392 commit [kəmít] comitted - committed

(동) 위임하다, 맡기다
commit one's soul to God 영혼을 신에 맡기다

To strengthen those whose hearts are fully committed
to him(2 Chronicles16:9)

여호와께서는 그런 사람을 강하게 해주길 원하십니다(대하 16:9)

✔ whose는 선행사가 those인 소유격 관계대명사이다.

393 scatter [skǽtəːr] scattered - scattered

(동)뿌리다, 쫓아버리다 (명) 흩뿌리기, 살포
scatter leaflets 전단지를 뿌리다

I saw all Israel scatter on the hills like sheep without
a shepherd(2 Chronicles18:16)

모든 이스라엘 군대가 목자없는 양처럼 이산저산에 흩어져 있는 것
이 보이오(대하 18:16)

✔ like는 '~처럼'의 의미를 가진 전치사이다.

394 maintain [meintéin] maintained - maintained

동 계속하다, 유지하다, 보유하다 | 명 maintenance 지속, 보존
maintain order 질서를 유지하다

He had promised to **maintain** a lamp for him and his descendant forever(2 Chronicles21:7)

여호와께서는 다윗과 그의 자손이 영원히 왕위를 차지할 것이라고 약속하였습니다(대하 21:7)

395 overthrow [òuvərθróu] overthrew - overthrown

동 전복하다, 폐지하다 | 명 전복, 타도, 파괴
overthrow the government 정부를 전복하다

"God has the power to help or to **overthrow**."
(2 Chronicles 25:8)

"하나님께서는 왕을 이기게 하실 수도 있고 지게 하실 수도 있습니다."(대하 25:8)

✔ to help는 the power를 수식하는 형용사적 용법이다.

396 petition [pitíʃən] petitioned - petitioned

동 청원하다, 신청하다, 간청하다 | 명 탄원서, 신청서
petition a person for pardon 남에게 용서를 빌다

We fasted and **petitioned** our God about this, and he answered our prayer(Ezra 8:23)

우리는 금식을 하면서 여행하는 동안 안전하게 지켜달라고 하나님께 기도 드렸습니다. 그러자 하나님께서는 우리의 기도를 들어주셨습니다(스 8:23)

✔ S+V+O 구조를 가진 3형식 문장이다.

397 **learn** [lə:rn] learned - learned

图 배우다, 익히다 | 图 learned 학식 있는, 정통한
what is learned in the cradle is carried to the grave 세
살버릇 여든까지 간다.

Take my yoke upon you and **learn** from me, for I am
gentle and humble(Matthew 11:29)

나는 마음이 온유하고 겸손하니 나의 멍에를 매고 내게 배워라
(마 11:29)

---

398 **nourish** [nə́:riʃ] nourished - nourished

图 기르다, 영양분을 주다 |
图 nourishment 영양분, 음식물, 양육

They ate to the full and were **well-nourished**
(Nehemiah 9:25)

배가 부르고 살이 찔 만큼 먹었으며(느 9:25)

---

399 **add** [æd] added - added

图 더하다, 보태다(opp subtract) | 图 addition 부가, 첨가, 증가
be added in the list 명단에 추가되다

Who of you by worrying can **add** a single hour to his
life?(Matthew6:27)

너희 중에 누가 걱정해서 자기의 수명을 조금이라도 연장 할 수 있느
냐?(마 6:27)

✔ 이 문장의 주어는 who이며 by는 전치사 이므로 worrying(동명
사)를 쓴다.

---

400 **slay** [slei] slayed - slayed

图 죽이다, 파괴하다

Envy **slays** the simple(Job 5:2)

시기는 어리석은 자를 죽이네(욥 5:2)

✔ the simple은 simple people이며 '어리석은 사람들' 이라고 해
석한다.

401 **wound** [wuːnd] wounded - wounded

⑧ 상처 입히다
an open wound 벌어진 상처

For he **wounds** but he also binds up(Job 5:18)

그분은 상처를 입히셨다가도 싸매주시고(욥 5:18)

✔ He는 3인칭 단수이기 때문에 동사 끝에 s를 붙였다.

402 **injure** [índʒər] injured - injured

⑧ 상처를 입히다, ~를 다치게 하다 | ⑲ injury 부상, 손상 |
⑲ injurious 해로운, 상처를 주는
injure one's hand 손을 다치다

He **injures**, but his hands also heal(Job 5:18)

치신 후에는 치료해 주시기 때문이지(욥 5:18)

403 **perform** [pərfɔ́ːrm] performed - performed

⑧ 행하다, 수행하다, 완수하다 | ⑲ performance 실행, 연극
perform a duty 의무를 완수하다

He **performs** wonders that can not be fathomed
(Job 9:10)

측량할 수 없는 위대한 일들과 수없는 기적을 행하시는 분이네
(욥 9:10)

✔ that은 wonders를 선행사로 하는 주격관계대명사이다.

404 **afflict** [əflíkt] afflicted - afflicted

⑧ 괴롭히다, 들볶다 | ⑲ affliction 고통, 고난
afflict oneself with illness 병으로 고생하다

He gives the **afflicted** their right(Job 36:6)

고난 받는 자들에게 복을 주십니다(욥 36:6)

✔ the afflicted는 afflicted people로 바꿀 수 있고 '고난 받는 자
들' 이라고 해석하며 4형식이다.

405 **repent** [ripént] repented - repented

(동) 후회하다, 회개하다, 뉘우치다 | (명) repentance 후회, 회개
repent of one's rashness 경솔을 후회하다

I despise myself and repent in dust and ashes(Job 42:6)

제 자신을 경멸합니다. 그리고 티끌과 재 가운데서 회개합니다
(욥 42:6)

406 **bruise** [brú:z] bruised - bruised

(동) 상하게하다, 상처나다(=crush) | (명) 타박상
sheep yield wool 양에서 양모가 나온다

A bruised reed he will not break, and a smoldering wick he will not snuff out(Isaiah 42:3)

그는 상한 갈대를 꺾지 않으며, 꺼져가는 등불을 끄지 않는다
(사 42:3)

✔ bruised는 과거분사로서 reed를 수식하여 "상처난"이라고 해석한다.

407 **wither** [wíðəːr] withered - withered

(동) 시들다, 말라 죽다
the flowers withered up 꽃이 시들었다

He is a tree whose leaf does not wither(Psalms 1:3)

행복한 사람은 그 잎새가 시들지 않는 나무와 같습니다(시 1:3)

✔ whose는 a tree를 선행사로 하는 '소유격관계대명사'이다.

408 **tremble** [trémbəl] trembled - trembled

(동) 떨리다, 흔들리다 | (명) tremor 떨림, 전율
Her lips trembled with anger 그녀의 입술은 분노로 떨렸다

Serve the LORD with fear and rejoice with trembling
(Psalms 2:11)

두려운 마음으로 여호와를 섬기고 떨리는 마음으로 그분을 찬양하여라(시 2:11)

409　**oppress** [əprés]　oppressed - oppressed

동 중압감을 받다, 억압 받다, 학대받다 |
oppression 명 압박, 압제, 압박감
A sense of failure oppressed him 좌절감이 그를 괴롭혔다

The LORD is a refuge for the **oppressed**(Psalms 9:9)

여호와는 억압받는 사람들의 피난처가 되시며(시 9:9)

✔ the oppressed는 oppressed people이며 '압제 당하는 자'로
해석한다.

410　**assign** [əsáin]　assigned - assigned

동 할당하다, 배정하다, 임명하다 |
assignment 명 할당, 할당된 임무, 숙제
assign work to each man 각자에게 작업을 할당하다

LORD, you have **assigned** me my portion and my cup
(Psalms 16:5)

여호와는 내가 받을 재산과 마실 잔을 정해 주셨습니다(시 16:5)

✔ have assigned는 현재완료형태이다.

411　**slip** [slip]　slipped - slipped

동 미끄러지다(=glide), 넘어지다, 떨어지다
slip on the ice 얼음 위에서 미끄러져 넘어지다

My feet have not **slipped**(Psalms 17:5)

나는 곁길로 간 적이 없습니다(시 17:5)

✔ have not slipped는 현재완료부정문이며 not의 위치를 주의한다.

412 **revive** [riváiv] received - received

동 소생시키다, 회복시키다, 되살아나게 하다 |
명 revival 소생, 회복, 재생
revive from a swoon 의식을 되찾다

The law of the LORD is perfect, reviving the soul
(Psalms 19:7)

여호와의 가르침은 완전하여 사람에게 새 힘을 줍니다(시 19:7)

---

413 **comfort** [kʌ́mfərt] comforted - comforted

동 위로하다, 격려하다 명 위로, 위안 |
형 comfortable 쾌적한, 기분이 좋은, 안락한

Your rod and your staff, they comfort me(Psalms 23:4)

주님의 막대기와 지팡이가 나를 든든하게 보호해 줍니다(시 23:4)

---

414 **prepare** [pripɛ́ər] prepared - prepared

동 준비하다, 채비하다 | 명 preparation 준비, 대비
be prepared to 각오를 하고 있다

You prepare a table before me in the presence of my
enemies(Psalms 23:5)

주님께서 원수들이 보는 앞에서 내게 식탁을 차려 주십니다(시 23:5)

---

415 **multiply** [mʌ́ltəplài] multiplied - multiplied

동 증가시키다, 증대시키다, 늘이다, 곱하다 |
명 multiplication 증가, 번식
4 multiplied by 2 is 8 4 곱하기 2는 8

The troubles of my heart have multiplied(Psalms 25:17)

마음의 고통이 말할 수 없이 크오니(시 25:17)

✔ have multiplied의 주어는 the troubles이다.

416 **rescue** [réskju:] rescued - rescued

동 구하다, 구제하다
rescue slaves 노예를 해방하다

Guard my life and rescue me(Psalms 25:20)

내 생명을 지켜주시고 구원해 주소서(시 25:20)

---

417 **remain** [riméin] remained - remained

동 남다, 살아남다, 여전히 ~인 그대로이다
remain on one's memory 기억에 남다

Weeping may remain for a night, but rejoicing comes in the morning(Psalms 30:5)

긴 밤을 울면서 보내야 하지만 아침에는 반드시 기쁨이 찾아옵니다.
(시 30:5)

✔ weeping와 rejoicing은 동명사로서 주어 역할을 한다.

---

418 **pursue** [pərsú] pursued - pursued

동 뒤쫓다, 추적하다 | 명 pursuit 추적, 실행
pursue after a fugitive 도망자를 추적하다

Turn from evil and do good; seek peace and pursue it
(Psalms 34:14)

나쁜 길에서 돌아서서 착하게 살고 평화를 사랑하고 이웃과 사이좋게 지내야 합니다(시 34:14)

✔ do good은 2형식 문장이며 "착한 일을 하다"의 뜻이다.

---

419 **crush** [krʌʃ] crushed - crushed

동 부수다, 뭉개다, 압도하다, 진압하다
He was crushed with grief 그는 슬픔에 짓눌렸다

The LORD saves those who are crushed in spirit
(Psalms 34:18)

여호와는 낙심한 사람들을 붙들어 주십니다(시 34:18)

✔ are crushed는 수동형으로써 '마음이 상하다'로 해석한다.

420 **disturb** [distə́:rb] disturbed - disturbed

통 방해하다, 폐를 끼치다, 불안해하다 |
명 disturbance 소동, 불안
disturb plant growth 식물의 성장을 저해하다

Why so disturbed within me?(Psalms 42:5)

왜 그렇게 속상해 하는가?(시 42:5)

✔ why는 이유를 의미하는 의문부사이다.

Check up (381~420)

A
주어진 단어의 뜻을 우리말로 쓰세요.

1. enlarge ___________   2. dwell ___________

3. acknowledge ___________   4. commit ___________

5. scatter ___________   6. maintain ___________

7. slay ___________   8. wound ___________

9. perform ___________   10. comfort ___________

B
주어진 뜻에 따라 빈칸에 알맞은 단어를 쓰세요.

1. 기억에 남다   r________ on one's memory

2. 슬픔에 짓눌리다   be________ with grief

3. 얼음 위에서 미끄러지다   s________ with grief

4. 경솔을 후회하다   r________ of oneself rashness

5. 정부를 전복하다   o________ the government

해답 235쪽

C

짝지어진 두 단어의 관계가 나머지 것과 다른 것을 고르세요.

1. ① endure – endurance   ② large – enlarge
   ③ devote – devotion   ④ disturb – disturbance

2. ① wither – perish   ② wound - injure
   ③ repent – regret   ④ prepare – assign

D

주어진 단어의 뜻으로 가장 알맞은 것을 고르세요.

1. **crush**   ① 추적하다 ② 유지하다 ③ 기르다 ④ 교육하다

2. **pursue**   ① 보유하다 ② 추측하다 ③ 뒤쫓다 ④ 약속하다

3. **remain**   ① 위로하다 ② 살아남다 ③ 청원하다 ④ 바치다

4. **multiply** ① 넘어지다 ② 미끄러지다 ③ 증가시키다 ④ 폐지하다

5. **overthrow** ① 전복하다 ② 파괴하다 ③ 건설하다 ④ 던지다

6. **revive**   ① 회복시키다 ② 보유하다 ③ 후회하다 ④ 몰두하다

7. **tremble**   ① 후회하다 ② 떨리다 ③ 기르다 ④ 구하다

8. **maintain** ① 비난하다 ② 반역하다 ③ 유지하다 ④ 삼가하다

9. **bruise**   ① 괴롭히다 ② 다치게 하다 ③ 상하게하다 ④ 압도하다

10. **possess** ① 뿌리다 ② 통치하다 ③ 소유하다 ④ 살피다

421 **refrain** [rifréin] refrained - refrained

⑧ 삭제하다, 버리다, 참다, 삼가다
Please refrain from smoking 담배는 삼가 주십시오

Refrain from anger and turn from wrath(Psalms 37:8)

노여워하거나 화를 터뜨리지 마십시오(시 37:8)

---

422 **repay** [ri:péi] repayed - repayed

⑧ 되돌려주다, 보답하다, 답례하다 |
⑲ repayment 보은, 보상, 앙갚음
repay a debt 빚을 갚다

The wicked borrow and do not **repay**(Psalms 37:21)

악한 자들은 꾸어 가지만 다시 갚지 않습니다(시 37:21)

✔ The wicked는 wicked people과 같고 '악인들' 이라고 해석한다.

---

423 **stumble** [stʌmb-əl] stumbled - stumbled

⑧ 넘어지다, 비틀거리다
stumble over a pebble 돌에 채어 넘어지다

Though he **stumble**, he will not fall(Psalms 37:24)

비틀거릴지라도 넘어지지 않을 것입니다(시 37:24)

✔ Though는 양보를 나타내는 접속사로서 '~할 지라도' 라고 해석
한다.

---

424 **uphold** [ʌdphóuld] upheld - upheld

⑧ 들어올리다, 지지하다, 붙들다
I cannot uphold your conduct 나는 너의 행동에 찬성할 수
없다

For the LORD **upholds** him with his hand(Psalms 37:24)

왜냐하면 여호와께서 그의 손을 붙잡고 계시기 때문입니다
(시 37:24)

425 **rebuke** [ribjúːk] rebuked - rebuked

통 책망하다, 비난하다, 나무라다
rebuke a person for his carelessness 남의 부주의를 책망하다

O LORD, do not rebuke me in your anger(Psalms 38:1)

여호와여, 주의 분노로 나를 꾸짖지 마시고(시 38:1)

426 **overwhelm** [òuvərhwélm]
overwhelmed - overwhelmed

통 압도하다, ~에게 이기다

My guilt has overwhelmed me like a burden too heavy to bear(Psalms 38:4)

나의 죄들이 무거운 짐처럼 나를 짓누르니 내 마음이 괴로워 견디기 힘듭니다(시 38:4)

✔ guilt는 추상명사이기 때문에 단수 취급한다(셀 수 없다)

427 **bustle** [bʌ́sl] bustled - bustled

통 활발하게 움직이다, 뛰어다니다, 분주히 돌아다니다
bustle up 법석을 떨다, 서두르다

He bustles about, but only in vain(Psalms 39:6)

이리저리 돌아다녀 보지만 결국 모두 헛것입니다(시 39:6)

✔ in vain은 부사의 뜻으로 '헛되이' 라고 해석한다.

428 **weep** [wiːp] wept - wept

통 울다, 눈물을 흘리다 |
형 weepy 눈물을 머금은, 눈물을 잘 흘리는
weep for joy 기뻐서 울다

Be not deaf to my weeping(Psalms 39:12)

나의 울음소리를 못 들은 체하지 말아 주소서(시 39:12)

429　conceal [kənsíːl]　concealed - concealed

통 숨기다, 비밀로 하다 ｜ 명 concealment 은닉, 은폐, 숨기기
conceal oneself in 잠복하다

I do not **conceal** your love and your truth from the great assembly(Psalms 40:10)
나는 많은 사람들이 모일 때에 주님의 사랑과 진리를 숨기지 않습니다(시 40:10)

430　pant [pænt]　panted - panted

통 숨차다, 헐떡거리다, 열망하다
pant for liberty 자유를 갈망하다

As the deer **pants** for streaming of water(Psalms 42:1)
목마른 사슴이 시냇물을 찾아 헤매듯이(시 42:1)

✔ for(전치사) 다음에는 streaming(동명사)가 올 수 있다.

431　put [put]　put - put

통 놓다, 두다, 내려놓다

Put out into water, and let down the nets for a catch (Luke 5:4)
깊은 데로 가서 그물을 내려 고기를 잡으라(눅 5:4)

432　subdue [səbdjúː]　subdued - subdued

통 정복하다, 진압하다, 복종시키다
subdue a willful child 제멋대로인 아이를 길들이다

He **subdued** nations under us(Psalms 47:3)
그분은 나라들을 우리 발 아래 엎드리게 하셨으며(시 47:3)

433 **boast** [boust] boasted - boasted

동 자랑하다, 뽐내다
make a boast of ~을 자랑으로 삼다, ~을 자랑하다, 뽐내다

Those who trust in their wealth and **boast** of their great riches, No man can redeem the life of another (Psalms49:6~7)

자기들의 돈을 믿고 자기의 재물을 자랑하는 사람들은 아무도 결코 형제를 구속하지 못하며(시 49:6)

✔ who는 those를 선행사로 하는 주격관계대명사이며 '~하는 사람들'이라고 해석한다.

434 **decay** [dikéi] decayed - decayed

동 쇠퇴하다, 썩다, 부식하다 | 명 쇠퇴, 쇠약
our powers decay in old age 나이가 들면 체력이 쇠해진다

The ransom for a life is costly, no payment is ever enough–he should live on forever and not see **decay** (Psalms 49:8~9)

사람의 생명값은 너무 비싸며, 아무리 많이 내어도 살 수 없습니다. 돈을 많이 낸다고 사람이 영원히 살고, 돈이 많다고 죽지 않는 것이 아닙니다(시 49:8~9)

435 **summon** [sʌmən] summoned - summoned

동 소환하다, 호출하다, 소집하다 | 명 summons 호출, 소집
summon the diet 국회를 소집하다

The LORD **summons** the earth from the rising of the sun to the place where it sets(Psalms 50:1)

여호와께서 해뜨는 데부터 해지는 곳을 향해 말씀하시고 온 세상을 향해 부르십니다(시 50:1)

✔ where는 the place를 선행사로 하는 관계부사이다.

436　**cast** [kæst] cast - cast

⑧ 던지다, 내던지다(제비)뽑다
cast away 물리치다, 제거하다, 낭비하다
He cast his life away 그는 일생을 헛되게 보냈다

Don't **cast** me from your presence(Psalms 51:11)

나를 주 앞에서 쫓아 내지 마시고(시 51:11)

✔ ~하지 마라(부정 명령문)은 앞에 Don't를 쓴다.

437　**renew** [rinjú:] renewed - renewed

⑧ 다시 시작하다, 회복하다 ｜ ⑲ renewal 재개, 갱신, 쇄신, 회복
renew a battle 전투를 재개하다

And **renew** a steadfast spirit within me(Psalms 51:10)

내 안에 올바른 마음을 새롭게 해 주소서(시 51:10)

438　**flourish** [flə́:riʃ] flourished - flourished

⑧ 번영하다, 번창하다, 융성하다(=succeed)
in full flourish 번성하여, 원기 왕성하여

I am like an olive tree **flourishing** in the house of God; I trust in God's unfailing love forever and ever(Psalms 52:8)

나는 하나님의 집에서 자라는 올리브나무 같습니다. 나는 하나님의 한결같은 사랑을 언제까지나 굳게 믿습니다(시 52:8)

✔ flourishing은 olive tree를 수식하는 '현재분사' 이다.

439　**corrupt** [kərʌ́pt] corrupted - corrupted

⑧ 부패하다 ｜ ⑱ 타락하는 ｜ ⑲ corruption 부패, 타락
corrupt public morals 풍기를 문란하게 하다

They are **corrupt** and their ways are vile(Psalms 53:1)

그들은 썩었으며 그들의 행위는 더럽습니다(시 53:1)

✔ Their ways are vile은 2형식(S+V+C) 구조를 갖는다.

440 **devour** [diváuər] devoured - devoured

동 ~을 게걸스레 먹다, ~을 탐독하다
devour the way 길을 재촉하다

Those who devour my people as man eat bread and who do not call on God?(Psalms 53:4)

내 백성을 빵 먹듯이 먹어 버리고 내 이름을 부르지 않는데, 어떻게 깨달을 수 있겠는가?(시 53:4)

441 **strengthen** [stréŋkθən]
strengthened - strengthened

동 강하게 하다, 강화하다 | 명 strength 세기, 힘, 체력
strengthen a bridge 다리를 견고하게 하다

To strengthen those whose hearts are fully committed to him(2 Chornicles 16:9)

여호와께서는 여호와께 몸을 맡기는 사람을 강하게 해 주기를
(대하 16:9)

✔ whose는 those를 선행사로 하는 소유격 관계대명사이다.

442 **ignore** [ignɔ́ːr] ignored - ignored

동 무시하다, 돌보지 않다 | 명 ignorance 무학, 무지, 알지 못함
ignore the presence of a person 남이 있는 것을 개의치 않다

O God, do not ignore my plea(Psalms 55:1)

내 간절한 소원을 모른 체 하지 마소서(시 55:1)

443 **begin** [bigín] began - gegun

동 시작하다, 개시하다 | 명 beginner 초보자, 초심자
begin at the wrong end 시작부터 잘못되다

Now begin the work, and the LORD is with you
(1 Chronicles 22:16)

이제 일을 시작하여라, 여호와께서 너와 함께 하실 것이다
(대상 22:16)

444 soothe [suːð] soothed - soothed

⑧ (기분)을 가라앉히다, 진정시키다, 편하게 하다
soothe pain 고통을 덜어주다

His words are more **soothing** than oil(Psalms 55:21)

그의 말은 버터처럼 매끄러우나(시 55:21)

✔ His words는 복수명사이기 때문에 are를 사용할 수 있다.

445 listen [lísən] listened - listened

⑧ 듣다, 귀를 기울이다 listener 청취자
listen to what he says 그가 말하는 것을 귀담아 듣다

Listen, my sons, to a father's instruction; pay attention and gain understanding(Proverbs 4:1)

아들들아, 너희는 아버지의 교훈을 듣고 순종하여 총명을 얻어라
(잠 4:1)

✔ 동사원형으로 시작하는 문장은 명령문이며 "~해라"라고 해석
한다.

446 awaken [əwéikən] awakened - awakened

⑧ 잠에서 깨우다, 깨닫게 하다, 깨닫다
be awakened from sleep 잠에서 깨다

I will **awaken** the dawn(Psalms 57:8)

내가 새벽을 깨우겠다(시 57:8)

✔ awaken은 타동사로써 '~을 깨우다' 뜻으로 해석한다.

447 devise [diváiz] devised - devised

⑧ 고안하다, 발명하다, 궁리하다 | ⑲ device 궁리, 계획
devise a plan 계획을 궁리하다

In your heart, you **devise** injustice(Psalms 58:2)

당신들은 마음속으로는 불의를 꾸밉니다(시 58:2)

448 appoint [əpɔ́int] appointed - appointed

동 임명하다, 정하다, 약속하다 | 명 appointment 임명, 선정
be appointed one of the committee
그는 위원회의 한 사람으로 임명되었다

Appoint your love and faithfulness to protect him
(Psalms 61:7)

주의 사랑과 신실하심으로 왕을 지켜 주소서(시 61:7)

---

449 depend [dipénd] depended - depended

동 의지하다, 신뢰하다 | 명 dependence 의지, 신뢰
depend upon it 반드시, 분명히
depend upon another for help 남의 원조에 기대다

My salvation and my honor **depend** on God(Psalms 62:7)

나의 구원과 명예는 오직 하나님께 달려있습니다(시 62:7)

✔ 주어는 my salvation and my honor이으로 depend에 s를 쓰지 않는다.

---

450 pour [pɔːr] poured - poured

동 붓다, 쏟다, 발산하다
pour oil upon troubled waters 소동을 가라앉히다, 중재하다

Pour out your hearts to him(Psalms 62:8)

그분께 여러분의 마음을 다 털어 놓으십시오(시 62:8)

---

451 cling [kliŋ]

동 달라붙다, 밀착하다, 매달리다

My soul **clings** to you(Psalms 63:8)

내가 주께 가까이 다가가니(시 63:8)

452 slip [slip] slipped - slipped

(동) 미끄러지다, 미끄러져 넘어지다, 떨어지다

He has kept our feet from slipping(Psalms 66:9)

하나님께서 우리가 미끄러져 넘어지지 않게 하셨습니다(시 66:9)

✔ has kept는 현재완료이다.

---

453 cherish [tʃériʃ] cherished - cherished

(동) 소중히 여기다, 귀여워하다, 그리워하다
cherish the memory of one's boyhood days 소년 시절을 그리워하다

If I had cherished sin in my heart, the LORD would not have listened(Psalms 66:18)

만일 내 마음 속에 죄를 품고 있었다면 주는 내 소리를 듣지 않으셨을 것입니다(시 66:18)

✔ had cherished와 would not have listened는 가정법과거완료 구문이다.

---

454 proclaim [proukléim] proclaimed - proclaimed

(동) 공언하다, 증명하다, 선언하다 |
(명) proclamation 선언, 공포, 포고
proclaim war 선전포고하다

Proclaim the power of God(Psalms 68:34)

하나님의 능력을 온 세상에 널리 알리십시오(시 68:34)

---

455 mow [mou] mowed - mowed, mown
(동) 풀을 베다, ~을 깎다, 쓰러뜨리다
mow a lawn 잔디를 깎다

He will be like rain falling on a mown field(Psalms 72:6)

그가 풀을 벤 들판 위에 내리는 비와 같고(시 72:6)

✔ will은 조동사이어서 be(동사원형)이 왔다.

456 **split** [split] split - split

동 쪼개다, 나누다
in a split second 눈 깜짝할 사이에
split a job 일을 분담하다

It was you who **split** open the sea by your power
(Psalms 74:13)

주께서 크신 능력으로 바다를 가르시고(시 74:13)

✔ It was you who는 you를 강조한 문장이다.

457 **bestow** [bistóu] bestowed - bestowed

동 ~주다, 증여하다, 이용하다
The LORD **bestows** favor and honor(Psalms 84:11)
여호와는 우리에게 은혜와 명예를 주십니다(시 84:11)

458 **walk** [wɔːk] walked - walked

동 걷다, 산보하다 | 명 보행, 걷기, 신분, 지위
No good thing does he withhold from those whose
walk is blameless(Psalms 84:11)

주는 정직하게 사는 사람에게 가장 좋은 것을 아끼지 아니하시고 주
십니다(시 84:11)

✔ no good thing은 목적어이며 강조하기 위하여 앞에 쓰여졌다.

459 **abound** [əbáund] abounded - abounded

동 풍부하다, 많이 있다 | 명 abundance 풍부, 다량, 윤택
He abounds in courage 그는 용기가 많다

But you, O Lord, are slow to anger, **abounding** in love
and faithfulness(Psalms 86:15)

쉽게 화를 내지 않으시고 사랑과 진실하심이 풍성하신 분이십니다
(시 86:15)

460 wither [wíðə:r] withered - withered

동 (식물이) 시들다, 말라 죽다, 식다

By evening it is dry and **withered**(Psalms 90:6)

저녁이 되면 시들어 마르는 풀입니다(시 90:6)

---

461 follow [fálou] followed - followed

동 따르다, 뒤를 잇다 | 명 follower 뒤따르는 사람
spring follows winter 봄은 겨울 다음에 온다

Be careful to **follow** all the commands of the LORD your God(1 Chronicles 28:8)

여러분의 하나님 여호와의 명령을 잘 지키시오(대상 28:8)

---

462 swear [swɛər] swore - sworn

동 맹세하다, 보증하다, 단언하다
I swear to God 하느님께 맹세한다

The LORD has **sworn** and will not change(Psalms 110:4)

여호와는 맹세하시고 자기 마음을 바꾸지 않으실 것입니다(시 110:4)

✔ has sworn은 현재완료용법이다.

---

463 heap [hi:p] heaped - heaped

동 쌓아올리다, 축적하다 |
명 무더기, 더미 | 형 heapy 산더미 같은, 수북한
heap up riches 부를 축적하다

He raises the poor from the dust and he lifts the needy from the ash **heap**(Psalms 113:7)

여호와는 가난한 자들을 흙더미 가운데서 들어 올리시고 궁핍한 자들을 잿더미에서 끌어 내십니다(시 113:7)

✔ the needy는 'needy people' 로 바꾸어 쓸 수 있고 '~사람들' 이라고 해석한다.

464 **bind** [baind] bound - bound

(동) 묶다, 매다, 동이다(opp loose) | (명) binder 묶는 사람
He was bound hand and foot 그는 손발이 다 묶였다

Whatever you **bind** on earth will be bound in heaven
(Matthew 16:19)

무엇이든지 네가 땅에서 잠그면 하늘에서도 잠겨 있을 것이요
(마 16:19)

✔ whatever은 복합관계대명사로써 '~하는 것은 무엇이든지' 라고
해석한다.

---

465 **preserve** [prizə́:rv] preserved - preserved

(동) 보존하다, 지속하다 | (명) preservation 보존, 저장
God preserve us! 주여 우리를 지켜 주소서!

Your promise **preserves** my life(Psalms 119:50)

주의 약속이 나의 생명을 보존합니다(시 119:50)

✔ promise는 3인칭 단수 주어이기에 preserve에 s를 쓴다.

---

466 **find** [faind] found - found

(동) 발견해 내다, 우연히 만나다, 도달하다
find out 찾아내다, 발견하다
find the lost key 잃어버린 열쇠를 찾아내다

You will **find** the knowledge of God(Proverbs 2:5)

너는 하나님을 아는 지식을 찾을 것이다(잠 2:5)

✔ will은 조동사이어서 다음에 동사원형을 쓴다.

467 **prolong** [proulɔ́:ŋ] prolonged - prolonged

⑧ 연장하다, 연기하다
prolong a rail read 철도를 연장하다

They will **prolong** your life many years and bring you prosperity(Proverbs 3:2)

너는 오래 살고, 성공하게 될 것이다(잠 3:2)

468 **yield** [ji:ld] yielded - yielded

⑧ 생기게 하다, 산출하다 | ⑲ 이윤, 수익률

Wisdom **yields** better returns than gold(Proverbs 3:14)

지혜는 금보다 더 소득이 많고(잠 3:14)

469 **compare** [kəmpέər] compared - compared

⑧ 비교하다, 대조하다, 비유하다, 필적하다 |
⑲ comparison 비교, 대조
compare with ~와 비교하다

Nothing you desire can **compare** with wisdom
(Proverbs 3:15)

지혜는 네가 탐하는 그 어떤 것과도 비길 수 없다(잠 3:15)

470 **embrace** [imbréis] embraced - embraced

⑧ 껴안다, 포옹하다, 둘러싸다
embrace an opportunity 기회를 잡다

Wisdom is a tree of life to those who **embrace** her.
(Proverbs 3:18)

지혜는 그것을 붙잡는 자에게 생명나무가 되어 주며(잠 3:18)

✔ to those who는 '~하는 사람에게' 라고 해석한다.

Check up (421~470)

A •••
주어진 단어의 뜻을 우리말로 쓰세요.

1. overwhelm __________   2. repay __________

3. cling __________   4. decay __________

5. devour __________   6. cast __________

7. summon __________   8. soothe __________

9. depend __________   10. cherish __________

B •••
주어진 뜻에 따라 빈칸에 알맞은 단어를 쓰세요.

1. 기회를 잡다   e________ an opportunity

2. 인생은 항해에 비유된다   Life is c________ d to a voyage

3. 철도를 연장하다   p________ rail road

4. 주여 우리를 지키소서!   God p________ us!

5. 정부를 전복하다   p________ the government

C···

짝지어진 두 단어의 관계가 나머지 것과 다른 것을 고르세요.

1. ① devise – device　　② appoint – appointment
　 ③ corrupt – corruption　④ ignore – ignorant

2. ① flourish – succeed　　② preserve – abound
　 ③ cast – throw　　　　　④ proclaim – declare

D···

주어진 단어의 뜻으로 가장 알맞은 것을 고르세요.

1. **refrain**　① 지지하다　② 경주하다　③ 삼가다　④ 인내하다

2. **rebuke**　① 비난하다　② 쏜다　　③ 임명하다　④ 칭찬하다

3. **weep**　① 웃다　　② 울다　　③ 밀착하다　④ 존경하다

4. **conceal**　① 허락하다　② 계획하다　③ 숨기다　④ 부식하다

5. **boast**　① 번영하다　② 소집하다　③ 자랑하다　④ 몰두하다

6. **decay**　① 세우다　② 쇠퇴하다　③ 이해하다　④ 즐기다

7. **renew**　① 다시 시작하다② 돌보다　③ 만들다　④ 수여하다

8. **dread**　① 무시하다　② 두려워하다③ 소집하다　④ 임명하다

9. **soothe**　① 괴롭히다　② 회복하다　③ 진정시키다④ 신뢰하다

10. **split**　① 걷다　② 쪼개다　③ 떠나다　④ 따르다

Part 3
최고 중요 수식어
시험에 꼭 나오는
130개 필수 수식어

now [nau]

(부) 지금, 곧(just 동반) 그때
Do it just now 즉시 그것을 해라
the now look 최신유행

This is **now** bone of my bones and flesh of my flesh
(Genesis 2:23)

내 뼈 중의 뼈요, 내 살 중의 살이구나(창 2:23)

✔ bones는 셀 수 있는 보통명사, flesh는 셀 수 없는 물질명사이다.

472

sick [sik] sicker - sickest

(형) 병든, 병난, 메스꺼운 | (명) sickness 병, 병든상태
fall sick 병에 걸리다

It is not the healthy who need a doctor, but the **sick**
(Luke 5:31)

의사가 필요한 사람은 건강한 사람이 아니라 병든 사람이다(눅 5:31)

✔ the healthy는 healthy people이며 '건강한 사람들' 이라고 해석
한다.

473

when [hwen]

(부) 언제 ~할 때
when all comes to all 요컨대, 결국은

When God created man, He made him in the likeness
of God(Genesis 5:1)

하나님께서 사람을 지으실 때에 하나님의 모습대로 지으셨습니다
(창 5:1)

✔ When God created man은 때를 나타내는 부사절이다.

474 **great** [greit] greater - greatest

(형) 큰, 거대한, 다수의, 매우 큰
a great big fish 엄청나게 큰 물고기

I will make your name **great**(Genesis 12:2)

너의 이름을 빛나게 할 것이다(창 12:2)

✔ S+V+O+O.C 구조를 가진 5형식 구문이다.

475 **afraid** [əfréid]

(형) 무서운, 두려운

Don't be **afraid**, Abram(Genesis 15:1)

아브람아, 두려워 말라(창 15:1)

476 **weak** [wiːk] weaker - weakest

(형) 약한, 우둔한, 불충분한 | (명) weakness 약한, 허약, 병약
weak as water 몹시 엷은, 희박한
a weak argument 설득력 없는 토론

The **weak** animal went to Laban and the strong ones
to Jacob(Genesis30:42)

약한 것들은 라반 것이 되고 튼튼한 것들은 야곱의 것이 되었습니다
(창 30:42)

✔ ones는 animals를 의미하는 부정대명사(불분명대명사)이다.

477 **dry** [drai] drier - driest

(형) 마른, 갈증나는 | (동) 건조시키다
not dry behind the ears 풋내기의, 경험 없는

The Israelites can go through the sea on **dry** ground
(Exodus 14:16)

백성은 마른 땅 위로 바다를 건널 수 있을 것이다(출 14:16)

478 **careful** [kέərfəl] more careful - most careful

(형) 신중한, 주의 깊은, 조심하는 | (명) care 근심, 걱정, 우려
Be careful with the fire 불조심 해라

Only be careful and watch yourselves closely
(Deuteronomy 4:9)

조심하고 정신을 차리시오(신 4:9)

---

479 **merciful** [mə́:rsifəl] more merciful - most merciful

(형) 자비로운, 인정 많은 | (명) mercifulness 자비

For the LORD your God is a merciful God
(Deuteronomy 4:31)

여러분의 하나님 여호와는 자비로운 하나님이시오(신 4:31)

---

480 **alone** [əlóun]

(형) 혼자서, 단독으로, 떨어져서
let alone ～은 말할 것도 없고

Man does not live on bread alone but on every word
that comes from the mouth of the LORD
(Deuteronomy 8:3)

사람이 먹는 것으로만 사는 것이 아니라 여호와께서 말씀하시는 모
든 말씀으로 살아야 한다(신 8:3)

✔ not A but B: 'A가 아니라 B' 라고 해석한다.

481　**above** [əbʌ́v]

~위에, ~보다 높이
above all 무엇보다 먼저, 첫째로
above the horizon 수평선 위에
Health is above wealth 건강은 재산보다 낫다

Set your minds on things above, not on earthly things
(Colossians 3:2)

하늘에 속한 것을 생각하고 땅의 것에 마음을 두지 마십시오(골 3:2)

482　**perfect** [pə́:rfikt]

형 완전한, 결점 없는(=complete) | 명 perfection 완성, 마무리
a perfect character 완벽한 인격
the perfect day 온종일 즐거웠던 날

He is the Rock, his works are perfect(Deuteronomy32:4)

여호와께서는 바위와 같으시니 하시는 일이 완전하고(신 32:4)

✔ his is works는 복수 주어이다.

483　**besides** [bisáidz]

부 그밖에, 따로 | 전 외에도, 게다가
beside oneself 이성을 잃고, 어찌할 바를 모르고
beside the question 문제에서 벗어나

For who is God besides the LORD?(2 Samuel 22:32)

여호와 외에 누가 하나님이신가?(삼하 22:32)

484 **between** [bitwíːn]

~사이에, ~의 중간에
between ourselves 우리끼리 얘긴데
between the devil and the deep sea 진퇴양난에 빠져

There is only a step between me and death
(1 Samuel 20:3)

나는 곧 죽을 걸세(삼상 20:3)

✔ only a step이 주어이기 때문에 is를 쓴다.

---

485 **wonderful** [wʌ́ndəːrfəl]
more wonderful - most wonderful

⑲ 이상한, 놀라운, 훌륭한
a wonderful dinner 훌륭한 식사

Your love for me was wonderful, more wonderful
than that of women(2 Samuel 1:26)

너는 나를 너무나 사랑하였지. 네가 나를 사랑함이 여자들의 사랑보
다 놀라웠다(삼하 1:26)

✔ was의 주어는 your love이다.

---

486 **therefore** [ðɛ́əːrfɔ̀ːr]

⑮ 그런 고로, 따라서, 그러므로

Therefore I will praise you O LORD among the
nations(2 Samuel 22:50)

그러므로 여호와여, 내가 여러 나라를 가운데서 주께 감사합니다
(삼하 22:50)

✔ will은 조동사이어서 동사원형 praise를 쓴다.

487 **clean** [kliːn] cleaner - cleanest

혤 깨끗한, 순결한, 순수한
clean up 청소하다, 마무리 짓다, 이익을 얻다, 숙청하다

His flesh was restored and became **clean** like that of a young boy(2 Kings 5:14)

나아만의 살결이 마치 어린 아이의 살결처럼 깨끗해졌습니다
(왕하 5:14)

✔ became clean은 '깨끗하게 되었다'로 해석된다.

488 **former** [fɔ́ːrməːr]

혤 앞에, 먼저의(=prior)
one's former wife 전처

Forget the **former** things; do not dwell on the past
(Issaiah 43:18)

너희는 전에 일어난 일을 기억하지 마라. 과거의 일을 생각하지 마라
(사 43:18)

489 **rather** [rǽðəːr]

분 다소, 얼마간(=somewhat)
rather nice 그런대로 괜찮은

Rather, worship the LORD your God(2 Kings 17:39)

오직 너희 하나님 여호와만을 섬겨라(왕하 17:39)

490 **toward** [tɔːrd]

~쪽으로, 향하여
I look toward you 건강을 축원합니다

May you hear the prayer your servant prays **toward** the place(2 Chronicles 6:20)

이 성전을 향해 기도 드릴 때에 그 기도를 들어 주십시오(대하 6:20)

491 **good** [gud] better - best

형 훌륭한, 정당한, 좋은
good manners 바른 예절

And God saw that it was good(Genesis 1:10)

하나님께서 보시기에 좋았습니다(창 1:10)

✔ that 이하는 '~을/를'로 끝나는 see의 목적절이다.

---

492 **empty** [émpti]

형 빈, 비어 있는, 공허한
have an empty sound 무의미하게 들린다
empty labor 헛수고
a life empty of happiness 행복 없는 생활

God does not listen to their empty plea(Job 35:13)

하나님은 사람들이 헛된 말로 부르짖는 것을 듣지 않으시며(욥 35:13)

---

493 **proud** [praud]

형 자랑으로 여기는, 교만한 | 명 pride 오만, 교만, 자만심
be proud of ~을 자랑으로 여기다
a proud look 교만한 표정

But the proud he pays back in full(Psalm 31:23)

그러나 거만한 사람들은 반드시 벌하실 것입니다(시 31:23)

✔ the+형용사는 형용사 people이어서 proud people 이다.

---

494 **glad** [glæd]

형 기쁜, 즐거운, 만족한
glad tidings(=news) 기쁜 소식
I am very glad to see you 만나 뵙게 되어 매우 기쁩니다

But may all who seek you rejoice and be glad in you
(Psalm 40:16)

그러나 주님을 찾는 사람들은 주님으로 말미암아 기쁘고 즐거워하게
하소서(시 40:16)

495 **even** [íːvən]

(형) 평평한, 규칙적인 | (부) ～조차도, ～까지도
even if 비록 ～일지라도
even ground 평평한 지면

He will be our guide even to the end(Psalm 48:14)

하나님께서 앞으로 끝까지 우리를 인도하실 것이다(시 48:14)

✔ even to the end는 '끝까지' 라고 해석한다.

496 **forth** [fɔːrθ]

(부) 앞으로, 전방으로, 떨어져서
put forth buds 싹을 내밀다

From Zion, perfect in beauty, God shines forth
(Psalm 50:2)

더할나위 없이 아름다운 시온으로부터 하나님께서 빛을 비추십니다
(시 50:2)

497 **broken** [bróukən]

(형) 깨다, 부서진, 몰락한
a broken leg 부러진 다리

The sacrifices of God are the broken spirit(Psalm 51:17)

하나님께서 바라시는 제사는 깨어진 마음입니다(시 51:17)

✔ are의 주어는 the sacrifices이다.

498 **long** [lɔːŋ] longer - longest

(부) 오랫동안, 길게 | (형) 긴, 길쭉한 | (동) 열망하다
long journey 장거리 여행

My slanders pursue me all day long(Psalm 56:2)

원수들이 종일토록 나를 뒤쫓습니다(시 56:2)

499 under [ʌ́ndər]

㉋ ~의 밑에서, ~밑에
the ground under grass 풀에 뒤덮인 땅

I am **under** vows to you(Psalm 56:12)

주께 한 서약을 기억합니다(시 56:12)

---

500 indeed [indíd]

㉎ 실로, 참으로, 사실은(=in reality)
He was indeed a remarkable man 그는 참으로 뛰어난 사
람이었다

The LORD will **indeed** give what is good(Psalm 85:12)

여호와께서 참 좋은 것을 주시니(시 85:12)

✔ what은 선행사가 들어 있는 관계대명사이며 '~것' 이라고 해석
한다.

---

501 before [bifɔ́:r]

㉎ 앞으로, 이전에(=previously)
before long 오래지 않아, 얼마 후
look before and behind 앞뒤를 보다

Day and night, I cry out **before** you(Psalm 88:1)

내가 밤낮으로 주께 부르짖습니다(시 88:1)

---

502 after [ǽftər]

㉎ ~의 뒤에, 후에
after all 결국, 즉시
day after day 매일 매일

Proclaim his salvation day **after** day(Psalm 96:2)

날마다 그 분의 구원을 선포하십시오(시 96:2)

✔ day after day는 '날마다' 라고 해석하며, 앞에 관사를 쓰지 않
는다.

503 **young** [jʌŋ] younger - youngest

혱 젊은, 생생한
the young generation 젊은 세대
young civilization 초기 문명

How can a **young** man keep his way pure?(Psalm 119:9)
젊은이가 어떻게 그의 길을 깨끗하게 유지할 수 있을까?(시 119:9)
✔ S+V+O+O.C 의 구조를 가진 5형식이다.

---

504 **fast** [fæst] faster - fastest

혱 빠른, 꽉 붙은
fast reading 속독

The cords of his sin hold him **fast**(Proverbs 5:22)
그 죄는 자신을 붙들어 매는 밧줄이 되고 만다(잠 5:22)
✔ 주어는 the cords이기 때문에 holds가 아니라 hold 이다.

---

505 **absent** [ǽbsənt]

혱 결석한, 결근한, 결여된 | 몡 absence 부재, 출타, 결식

absent without leave 무단결근의, 무단결석의
be absent from school 학교를 쉬다

When words are many, sin is not **absent**(Proverbs10:19)
말이 많으면 죄가 생기지만(잠 10:19)
✔ when 이하 문장은 때를 나타내는 부사절이다.

506 hard [hɑːrd] harder - hardest

형 굳은, 참기 어려운, 부지런한 |
동 harden 단단하게 하다, 굳히다 |
명 hardness 굳음, 견고, 단단함
hard and fast 엄중한, 단단히

All hard work brings a profit(Proverbs 14:23)

모든 수고는 이득을 가져온다(잠 14:23)

✔ hard work는 추상명사(셀 수 없다)이어서 bring이 아니라 brings 이다.

507 strong [strɔ(ː)ŋ] stronger - strongest

형 튼튼한, 건강한, 단단한 | 명 strength 세기, 힘, 완력, 체력
strong measures 강경수단
by the strong hand 완력으로, 억지로

The name of the LORD is a strong tower(Proverbs 18:10)

여호와의 이름은 강력한 망대같아서(잠 18:10)

✔ strong은 tower를 수식하는 형용사이다.

508 hot [hɑt] hotter - hottest

형 뜨거운, 화끈한, 격렬한 | 명 heat 열, 뜨거운, 더위, 온도
hot and hot 갓 만들어진, 따끈따끈한
a hot day 더운 날

Do not make friends with a hot-tempered man
(Proverbs 22:24)

화풀이 잘 하는 사람과 사귀지 말고(잠 22:24)

again [əgén]

(부) 또, 다시 한번
again and again 몇 번이고, 되풀이해서
once again please 한번 더 부탁합니다

Though righteous man falls seven times, he rises
again(Proverbs 24:16)

의인은 일곱 번 넘어져도 다시 일어나지만(잠 24:16)

✔ Though 이하 문장은 양보를 의미하는 부사절이다.

---

gentle [dʒéntl] gentler - gentlest

(형) 유순한, 예의바른, 순한 | (부) gently 친절하게, 상냥하게
gentle in manners 태도가 온화한
a gentle punishment 관대한 처벌

A gentle tongue can break a bone(Proverbs 25:15)

부드러운 혀는 뼈도 녹인다(잠 25:15)

✔ can은 조동사이기 때문에 다음에 동사원형을 쓴다.

Check up (471~510)

A

주어진 단어의 뜻을 우리말로 쓰세요.

1. weak ___________ 2. great ___________

3. careful ___________ 4. between___________

5. toward ___________ 6. empty ___________

7. under ___________ 8. among ___________

9. indeed ___________ 10. gentle ___________

B

주어진 뜻에 따라 빈칸에 알맞은 단어를 쓰세요.

1. 태도가 온화한 g________ in manners

2. 정직한 생활 the s________ and narrow life

3. 젊은 세대 the y________ generation

4. ~을 최대한 이용하다 Make the m________ of

5. ~을 자랑스럽게 여기다 be p________ of

C

짝지어진 두 단어의 관계가 나머지 것과 다른 것을 고르세요.

1. ① weak – weakness　　② proud – pride
   ③ merciful – mercy　　④ perfect – perfectly

2. ① clean – dirty　　② wonderful – great
   ③ forth – back　　④ better – worse

D

주어진 단어의 뜻으로 가장 알맞은 것을 고르세요.

1. **again**　　① 튼튼한　② 다시　　③ 유순한　④ 똑바른

2. **absent**　　① 결석한　② 참으로　③ ~사이에　④ 규칙적인

3. **indeed**　　① 앞으로　② 참으로　③ 확실히　④ 오랫동안

4. **therefore**　① 그런고로　② 다소　③ 위에　④ 아래에

5. **afraid**　　① 갈증 나는　② ~할 때　③ 무서운　④ 유순한

6. **fast**　　① 향하여　② 밑에　③ 빠른　④ 느린

7. **hard**　　① 부지런한　② 게으른　③ 당당히　④ 빠르게

8. **dry**　　① 우둔한　② 명예로운　③ 촉촉한　④ 마른

9. **alone**　　① 보다 높이　② 함께　③ 혼자서　④ 완전히

10. **rather**　① 보다 높이　② 함께　③ 혼자서　④ 완전히

511 heavy [hévi] heavier - heaviest

⑱ 무거운, 육중한, 쓰라린 | ㉻ heavily 무겁게, 육중하게
heavy taxes 무거운 세금

What a heavy burden God has laid on men!
(Ecclesiastes 1:13)

이는 하나님께서 사람들에게 얼마나 무거운 짐을 지워주셨는지
(전 1:13)

✔ what a heavy burden은 목적어로서 '무거운 것을' 이라고 해석
한다.

---

512 straight [streit]

⑱ 곧은, 똑바른, 수직의 |
㉾ straighten 똑바르게 하다, 곧게 하다
the straight and narrow life 정직한 생활

Prepare the way of the LORD, make straight paths for
him(Matthew 3:3)

주님의 길을 준비하고 주님의 길을 곧게 펴라(마 3:3)

✔ prepare은 명령문이며 '준비하라' 로 해석한다.

---

513 enough [inʌ́f]

⑱ 충분한 ㉻ 충분히, 완전히
cannot do enough 아무리 해도 모자라다

Each day has enough trouble of its own(Matthew 6:34)

오늘의 고통은 오늘로 충분하다(마 6:34)

---

514 narrow [nǽrou] narrower - narrowest

⑱ 좁은, 가는, 옹색한
a narrow alley 좁은 골목길

Enter through the narrow gate(Matthew 7:13)

좁은 문으로 들어 가거라(마 7:13)

515 **why** [hwai]

⑨ 왜, 어째서
Why did you do so? 왜 그랬지?

My God, my God, **why** have you forsaken me?
(Matthew 27:46)

나의 하나님, 나의 하나님, 어찌하여 나를 버리셨습니까?(마 27:46)

✔ have forsaken은 현재완료용법이다.

---

516 **loud** [laud] louder - loudest

⑱ 시끄러운, 소란한, 화려한
a loud dresser 화려하게 차려입은 사람
a loud party 요란한 파티

And when Jesus had cried out again in a **loud** voice,
he gave up his spirit(Matthew 27:50)

다시 예수님께서 큰소리로 외치시고 숨을 거두셨습니다(마 27:50)

✔ had cried는 과거보다 먼저 발생한 '과거완료' 시간이다.

---

517 **whole** [houl]

⑱ 전부의, 전체의
the whole world 전 세계
out of whole cloth 터무니없는

What good is it for a man to gain the **whole** world, yet
forfeit his soul?(Mark 8:36)

만일 온 세상을 얻고도 자기의 생명을 잃는다면 무슨 유익이 있겠느
냐?(막 8:36)

✔ whole은 world를 수식하는 형용사이다.

518 possible [pásəbəl]
more possible - most possible

형 가능한, 할 수 있는
if possible 가능한 한

Everything is possible for him who believes(Mark 9:23)

믿는 사람에게는 모든 것이 가능하다(막 9:23)

✔ everything은 주어가 단수로 쓰인다.

519 last [læst]

형 마지막의, 최초의, 지난
at last 드디어, 마침내
to the last 죽을 때까지

If anyone wants to be first, he must be the very last
(Mark 9:35)

누구든지 첫째가 되려면 다른 모든 사람보다 나중이 되어야 하고
(막 9:35)

✔ must는 조동사이어서 be를 쓴다.

520 together [təgéðə:r]

부 함께, 같이, 함께 하여
all together 모두 함께
go together 동행하다

Therefore what God has joined together, let man not
separate(Mark 10:9)

그러므로 하나님께서 하나로 만드신 것을 사람이 가르지 마라
(막 10:9)

521 **real** [ríːəl]

형 진실의, 참된, 진짜의 | 명 reality 진실, 진실성, 사실
a men's real character 사람의 참성격

My flesh is real food and my blood is real drink
(John 6:55)

나의 살은 참된 음식이며, 나의 피는 참된 음료이다(요 6:55)

✔ My flesh는 단수취급(물질명사)하기 때문에 is를 쓴다.

522 **unless** [ənlés]

접 만일 ~아니라면, ~아닌 경우에는
I shall not go unless the weather is fine 날씨가 좋지 않으면
안 가겠다

No one can see the kingdom of God unless he is
born again(John 3:3)

누구든지 다시 태어나지 않으면, 하나님의 나라를 볼 수 없다(요 3:3)

✔ of God으로 제한시켜 the kingdom으로 썼다.

523 **without** [wiðáu]

전 ~없이, ~없는
without doubt 의심할 것 없이
without ceremony 격식 차리지 않고, 터놓고

If anyone of you is without sin, let him be the first to
throw a stone at her(John 8:7)

너희 중에 죄지은 적이 없는 사람이 먼저 이 여인에게 돌을 던져라
(요 8:7)

✔ let은 사역동사(시키다)이어서 다음에 to be가 아니라 be를 쓴다.

524 **another** [ənʌ́ðər]

ⓥ 또 하나의, 별개의
one after another 차례차례, 잇달아
for another ten years 또 10년간

As I have loved you, so you must love one **another**
(John 13:34)

내가 너희를 사랑한 것 같이 너희도 서로 사랑하여라(요 13:34)

✔ one another는 '3명 이상 서로' 의 의미이다.

525 **except** [iksépt]

ⓟ 제외하고
except for ~이 없으면, ~을 제외하고

No one comes to the father **except** through me
(John 14:6)

나를 통하지 않고는 아버지께로 올 사람이 없다(요 14:6)

✔ No one은 문장전체를 부정하여 '어느 누구도 ~하지 않는다' 라
고 해석한다.

526 **complete** [kəmplíːt]

ⓥ 완전한, 완성된, 전적인
complete victory 완승

Ask and you will receive, and your joy will be
complete(John 16:24)

구하라, 그러면 너희가 받을 것이요, 너희 기쁨이 가득 찰 것이다
(요 16:24)

527 **already** [ɔːlrédi]

㈜ 이미, 벌써

When they found that he was already dead, they did not break his legs(John 19:33)

이미 돌아가신 것을 알고는 그분의 다리를 부러뜨리지 않고(요 19:33)

✔ that은 문장을 연결하는 접속사이며 '~을/를'로 끝난다(명사절)

528 **ashamed** [əʃéimd]

㈜ 부끄러워하는, 수줍어하는

I am not ashamed of the gospel(Romans 1:16)

나는 복음을 부끄러워하지 않습니다(롬 1:16)

529 **worth** [wəːrθ]

㈜ 가치있는, 해볼만한 | ㈜ 진가, 가치
a place worth visiting 한번은 가볼만한

Our present sufferings are not worth comparing with the glory that will be revealed in us(Romans 8:18)

현재 우리가 겪는 고난은 장차 우리에게 나타날 영광과 비교하면 아무 것도 아니다(롬 8:18)

✔ present는 sufferings를 수식해주는 형용사이다.

530 **different** [dífərənt] more different - most different

㈜ 다른, 상이한, 여러 가지의
different people with the same name 동명이인

We have different gifts, according to the grace given us(Romans 12:6)

하나님께서 우리에게 주신 은혜를 따라 저마다 다른 선물을 받았습니다(롬 12:6)

✔ given은 grace를 수식하는 과거분사이다.

531 **about** [əbáut]

㉠ ~에 대하여, 주위에, 약
a book about fishing 낚시에 관한 책
people about us 우리 주위의 사람

I want you to be wise about what is good, and innocent **about** what is evil(Romans 16:19)

여러분이 선한 일에는 지혜롭고 악한 일에는 순결하기를 바랍니다 (롬 16:19)

✔ what은 선행사가 포함된 관계대명사이며 '~하는 것'으로 해석한다.

532 **whether** [hwéðəːr]

㉦ ~인지 어떤지, ~이든 아니든
whether he comes or not 그가 오던 말던

Whether you eat or drink or whatever you do, do it all for the glory of God(1 Corinthians 10:31)

여러분은 먹든지 마시든지 무엇을 하든지 모든 것을 하나님 영광을 위해 하십시오(고전 10:31)

✔ whether A or B는 'A이든 B든지' 의미를 가진 양보부사절이다.

533 **dead** [ded]

㉧ 죽은, 죽어 있는, 생명 없는
a deed tree 고목
dead men tell no tales 죽은 자는 말이 없다

If there is no resurrection of the **dead**, then not even Christ has bean raised(1 Corinthians 15:13)

죽은 자들의 부활이 없다면 그리스도께서도 다시 살아나지 못하셨을 것입니다(고전 15:13)

✔ the dead는 dead people이며 '죽은 자들'이라고 해석한다.

534 **proper** [prápər]

(형) 적당한, 옳은, 적절한
in a proper way 적당한 방법으로

At the **proper** time we will reap a harvest if we do not give up(Galatians 6:9)

때가 이르면 영원한 생명을 거둘 것이므로 포기하지 말아야 합니다 (갈 6:9)

✔ proper은 time을 수식하는 형용사이다.

---

535 **because** [bikɔ́:z]

(접) ~이므로, ~ 때문에
none the less because ~에도 불구하고 역시

Not to be discouraged **because** of my sufferings for you(Ephesians 3:13)

내가 지금 받고 있는 고난으로 인해 실망하거나 낙담하지 마십시오 (엡 3:13)

---

536 **each** [i:tʃ]

(형) 각각의, 각자의, 개인의
each other 서로
on each occasion 그때마다, 어느 경우나

Forgiving **each** other, just as in Christ God forgave you(Ephesians 4:32)

그리스도 안에서 서로 용서하신 것 같이 서로를 용서하십시오 (엡 4:32)

✔ just as는 '~와 같이' 라고 해석한다.

537 **violent** [váiələnt]

ⓗ 강렬한, 격렬한(=intense) | ⓜ violence 맹렬, 격렬
lay violent hands 폭력을 휘두르다

Do not envy a **violent** man or choose any of his ways
(Proverbs 3:31)

난폭하게 구는 사람을 부러워하거나 그의 행위를 본받지 마라
(잠 3:31)

✔ violent는 man을 수식하는 형용사이다.

538 **once** [wʌns]

ⓑ 일찍이, 전에, 옛날에
once more 한번더
at once 즉시
once a day 하루에 한번

For you were **once** darkness, but now you are light in
the LORD(Ephesians 5:8)

이전에는 여러분도 어둠 가운데 있었으나 이제는 주님 안에서 빛 가
운데 살아갑니다(엡 5:8)

539 **drunk** [drʌŋk]

ⓗ 술 취한, 취한 듯한
get drunk 술 취하다
drunk driving 취중운전
be drunk with happiness 행복에 취해 있다

Do not get **drunk** on wine, instead, be filled with the
spirit(Ephesians 5:18)

술 취하지 마십시오. 성령으로 충만해 지도록 힘쓰십시오(엡 5:18)

✔ get drunk는 2형식 구문으로 '술 취하다' 라고 해석된다.

540 **finally** [fáinəli]

(부) 최후로, 마침내
settle a matter finally 사건을 완전히 해결하다

Finally, my brothers, rejoice in the LORD(Philippians 3:1)

주님 안에서 항상 기뻐하십시오(빌 3:1)

---

541 **through** [θruː]

(전) ~통하여, ~을 꿰뚫어
be throught with ~을 끝내다
fly through the air 공중을 날다

I can do everything through him who gives me strength(Philippians 4:13)

내게 능력 주시는 그리스도를 통하여 나는 모든 것을 할 수 있습니다 (빌 4:13)

✔ who는 him을 선행사로 하는 주격관계대명사이다.

---

542 **sure** [ʃuər]

(형) 확실한, 의심할 수 없는
He is sure to come 그는 틀림없이 온다
I'm sure 정말로, 분명히

Faith is being sure of what we hope for and certain of what we do not see(Hebrews 11:1)

믿음은 우리가 바라는 것들에 대해서 확신하는 것입니다. 또한 보이지 않지만 그것이 사실임을 아는 것입니다(히 11:1)

✔ what은 선행사가 포함된 관계대명사이며 '~하는 것'이라고 해석된다.

543 same [seim]

⑱ 같은, 동일한
at the same time 동시에
eat the same food every 매일 같은 식사를 하다

Jesus Christ is the **same** yesterday and today and forever(Hebrews 13:8)

예수 그리스도는 어제나 오늘이나 영원히 똑같으십니다(히 13:8)

✔ same 앞에는 정관사 the를 사용한다.

544 forward [fɔ́ːrwəːrd]

⑲ 전방에, 앞쪽으로, 장래에
look forward to doing ～하기를 고대하다

You look **forward** to the day of God and speed its coming(2 Peter 3:12)

여러분은 그날이 오기를 손꼽아 기다려야 합니다(벧후 3:12)

545 deep [diːp] deeper - deepest

⑱ 깊은, 중대한, 몰두하는
take a deep breathe 심호흡하다

The way of the wicked is like **deep** darkness; they don't know what makes them stumble(Proverbs 4:19)

악인의 길은 짙은 어둠 같아서, 무엇에 걸려 넘어졌는지도 모른다 (잠 4:19)

✔ the wicked는 wicked people이며 '악인들' 이라고 해석한다.

546 **seldom** [séldəm]

㉱ 좀처럼, ~하지 않는, 드물게
He is seldom late 그는 좀처럼 늦지 않는다.

Seldom set foot in your neighbor's house too much of you, and he will hate you(Proverbs 25:17)

이웃집에 너무 들락거리지 말라, 그가 싫증내고 미워할까 두렵다 (잠 25:17)

✔ seldom은 not의 의미를 지닌 부정어이다.

---

547 **short** [ʃɔːrt] shorter - shortest

㉠ 짧은, 가까운
in short 짧게 말하면
a short story 단편 소설

For all have sinned and fall **short** of the glory of God (Romans 3:23)

모든 사람이 죄를 지어 하나님의 영광에 이를 수 없게 되었습니다 (롬 3:23)

✔ all은 사람의 의미이므로 복수동사 have sinned로 썼다.

---

548 **useful** [júːsfəl] more useful - most useful

㉠ 쓸모있는, 유동한
useful work 유동한 일

All scripture is **useful** for teaching, rebuking, correcting and training in righteousness(2 Timothy 3:16)

모든 성경 말씀은 진리를 가르쳐주며, 삶 가운데 무엇이 잘못되었는 지 알려줍니다(딤후 3:16)

✔ teaching, rebuking, correcting, training은 for와 연관성있다.

 dear [diər] dearer - dearest

형 친애하는, 사랑하는
a dear friend of mine 나의 친한 친구

Dear children, let us not love with word, or tongue but with actions and in truth(1 John 3:18)

자녀들이여, 우리는 말로만 사랑하는 사람이 되어서는 안 됩니다. 우리 사랑은 진실되어야 합니다. 그리고 우리는 행함으로써 그 사랑을 보여 주어야 합니다(요일 3:18)

---

 up [ʌp]

부 위로, 직립하여
pull up weeds 잡초를 뽑다
stand up 일어서다

For at the proper time, we will reap a harvest if we do not give up(Galatians 6:9)

때가 이르면 영원한 생명을 거둘 것이므로 포기하지 말아야 합니다 (갈 6:9)

A

주어진 단어의 뜻을 우리말로 쓰세요.

1. heavy _________

2. enough _________

3. loud _________

4. possible _________

5. unless _________

6. another _________

7. different _________

8. once _________

9. forward _________

10. dear _________

B

주어진 뜻에 따라 빈칸에 알맞은 단어를 쓰세요.

1. 유용한 일   u_______ work

2. 심호흡하다   take a d_______ breath

3. 취중운전   d_______ driving

4. 그가 오던 말던   w_______ he cones or not

5. 의심할 여지없이   w_______ doubt

C

짝지어진 두 단어의 관계가 나머지 것과 다른 것을 고르세요.

1. ① heavy – light ② narrow – wide
   ③ different – difficult ④ possible – impossible

2. ① dead – die ② real – reality
   ③ deep – depth ④ useful – usefulness

D

주어진 단어의 뜻으로 가장 알맞은 것을 고르세요.

1. **seldom** ① 거친 ② 좀처럼 ~않는 ③ 부지런한 ④ 까다로운

2. **finally** ① 가능한 ② 비어있는 ③ 마침내 ④ 약한

3. **except** ① 전부의 ② 최근의 ③ 다른 ④ 생명없는

4. **violent** ① 기대하다 ② 난폭한 ③ 참된 ④ 완전한

5. **ashamed** ① 부끄러운 ② 자랑스런 ③ 사랑하는 ④ 두려운

6. **worth** ① 벌써 ② 가치 있는 ③ 중대한 ④ 유용한

7. **same** ① 같은 ② 그릇된 ③ 공허한 ④ 동일한

8. **through** ① 마침내 ② ~일지라도 ③ 통하여 ④ 생각

9. **sure** ① 확실한 ② 최후로 ③ 가능한 ④ 깊은

10. **sight** ① 확실한 ② 짧은 ③ 몰두하는 ④ 적절한

551 **simple** [símpəl] simpler - simplest

형 쉬운, 용이한
a simple method 간단한 방법

The statutes of the LORD are trustworthy, making wise the simple(Psalm19:7)

여호와의 법은 믿을 만하여 어리석은 사람을 지혜롭게 합니다
(시 19:7)

✔ 주어가 the statutes 이어서 복수동사 are를 쓴다.

552 **as** [æz]

부 ~처럼, ~같은 정도로
as black as coal(숯처럼) 새까만
as happy as can be 더할 나위 없이 행복한

As a father has compassion on his children, so the LORD has compassion on those who fear him
(Psalm 103:13)

마치 아버지가 그의 자녀들을 깊이 사랑하듯이 주는 그를 존경하는 자들을 깊이 사랑하십니다(시 103:13)

✔ AS~ so~는 '~하듯이 ~하다' 라고 해석한다.

553 **from** [frʌm]

전 ~로부터, ~에서, ~이래
from head to foot 머리에서 발끝까지

My help comes from the LORD, the Maker of heaven, and earth(Psalm 121:2)

나의 도움은 하늘과 땅을 만드신 그분으로부터 옵니다(시 121:2)

554　over [óuvər]

㉠ ~의 위에, ~을 넘어서
fall over a cliff 벼랑에서 떨어지다
bridge over the river 강에 놓인 다리

The LORD watches over you -- the LORD is your shade at your right hand(Psalm 121:5)

여호와는 여러분을 지켜주십니다. 여호와는 여러분의 오른편에 있는 그늘이십니다(시 121:5)

555　of [ɑv]

㉠ ~의, ~로부터
on the side of the river 강의 이쪽 편에
upward of ten years 10년 이상

Wisdom is a tree of life to those who embrace her (Proverbs 3:18)

지혜는 그것을 붙잡는 자에게 생명 나무가 되어주며(잠 3:18)

✔ who는 those를 선행사로 하는 주격관계대명사이다.

556　like [laik]

㉠ ~와 똑같이, ~만큼
as like as not 십중팔구
the likes of me 나 같은 사람

All men are like grass, and all their glory is like the flower of the field(Psalm 40:6)

모든 사람은 풀과 같고 그들의 모든 아름다움은 꽃과 같다(시 40:6)

557 **wise** [waiz] wiser - wisest

⑱ 현명한, 지혜로운 | ⑲ wisdom 지혜, 총명, 현명
get wise to 을 날다

The **wise** inherit honor(Proverbs 3:35)

지혜로운 사람은 영광을 얻지만(잠 3:35)

✔ the wise는 wise people이며 복수 취급한다.

---

558 **living** [líviŋ]

⑱ 살아 있는, 생명 있는
living animals 살아 있는 동물
the land of the living 현세

And the LORD breathed into his nostrils the breath of life and the man became a **living** being(Genesis 2:7)

그리고 사람의 코에 생명의 숨을 불어 넣으시니, 사람이 생명체가 되었습니다(창 2:7)

---

559 **evil** [íːvəl]

⑱ 나쁜, 사악한(=bad)
fall on evil days 불운을 만나다
an evil practice 악습

You must not eat from the tree of the knowledge of good and **evil**(Genesis 2:17)

선악을 알게 하는 나무의 열매만은 먹지 마라(창 2:17)

✔ S+V 구조를 가진 1형식 문장이다(형식은 문장의 길고 짧음과 관계가 없다)

560 **forever** [fərévəːr]

(부) 영구히, 영원히
go away forever 영원히 떠나다

Jesus Christ is the same yesterday and today and forever(Hebrews 13:8)

예수 그리스도는 어제나 오늘이나 영원히 똑같으십니다(히 13:8)

✔ same에는 반드시 the를 쓴다.

561 **painful** [péinfəl] more painful - most painful

(형) 아픈, 괴로운, 힘이 드는(=laborious)
painful thought 심통

Through painful toil you will eat of it all the days of your life(Genesis 3:17)

너는 평생토록 수고하여야 땅에서 나는 것을 먹을 수 있게 될 것이다
(창 3:17)

✔ painful은 toil을 수식하는 형용사이다.

562 **clearly** [klíərli]

(부) 밝게, 분명히

"We saw clearly that the LORD was with you."
(Genesis 26:28)

"우리가 여호와께서 당신과 함께 하심을 분명히 보았으니"(창 26:28)

✔ that 이하는 saw의 목적어 역할을 하여 '~을/를'로 해석한다.

563 **wherever** [hwɛərévəːr]

(부) 어디든지, 도대체 어디로
wherever are you looking? 도대체 어디를 보고 있니?

I will watch over you **wherever** you go(Genesis 28:15)

네가 어디로 가든 너를 지켜줄 것이다(창 28:15)

✔ wherever는 복합관계대명사이며 '어디든지 ~할지라도' 라고 해석된다.

---

564 **holy** [hóuli] holier - holiest

(형) 신성한, 거룩한, 경건한
a holy place 성지, 성전

The place where you are standing is **holy** ground
(Exodus 3:5)

너는 지금 거룩한 땅 위에 서 있느니라(출 3:5)

✔ is의 주어는 the place이다.

---

565 **majestic** [mədʒéstik]

(형) 위엄 있는, 당당한, 장대한 | (명) majesty 위엄, 존엄, 장대함

Your right hand, O LORD, was **majestic** in power
(Exodus 15:6)

여호와여, 주의 오른손이 권능으로 영광을 나타내시며(출 15:6)

---

566 **gracious** [gréiʃəs] more gracious - most gracious

(형) 상냥한, 우아한, 관대한

The LORD make you be **gracious** to you(Numbers 6:25)

여호와는 너에게 은혜를 내려주시기를 빈다(민 6:25)

✔ make는 사역동사이어서 to be가 아니라 be를 쓴다.

567 **aside** [əsáid]

(부) 옆으로, 한쪽에 치우쳐

We will not turn aside to the right or to the left
(Deuteronomy 2:27)

우리는 왼쪽으로나 오른쪽으로 벗어나지 않겠습니다(신 2:27)

568 **jealous** [dʒéləs] more jealous - most jealous

(형) 질투하는, 시기하는
keep a jealous eye on 방심하지 않고 경계하다

For the LORD your God is a jealous God
(Deuteronomy 4:24)

여러분의 하나님 여호와께서는 질투하시는 하나님이시며(신 4:24)

✔ jealous는 God을 수식하는 형용사이다.

569 **active** [ǽktiv] more active - most active

(형) 활동적인, 현역의, 적극적인(opp, inactive)
active volcano 활화산
an active life 바쁜생활

For the word of God is living and active, sharper than
any double-edged sword(Hebrew 4:12)

하나님의 말씀은 살아있고 힘이 있습니다. 양쪽에 날이 선 칼보다도
더 날카로워서(히 4:12)

✔ than 앞에는 비교급이 와야 한다(sharper)

570 **courageous** [kəréidʒəs]
more courageous - most courageous

(형) 용기있는, 배짱있는(=brave) | (명) courageousness 용기

Be strong and courageous(Deuteronomy 31:6)

마음을 굳세게 하고 용감히 행하시오(신 31:6)

571 abundant [əbʌ́ndənt]
more abundant - most abundant

형 풍부한, 많은(=plentiful)
an abundance of food 풍부한 식량

Let my words descend like **abundant** rain on tender plants(Deuteronomy 32:2)

내 말은 채소 위에 내리는 가랑비요(신 32:2)

✔ Let은 사역동사이기 때문에 to descend가 아니라 descend로 쓰여졌다.

---

572 eternal [itə́ːrnəl]

형 영원한, 영구의, 불변한
eternal life 영원한 생명

The **eternal** God is your refuge(Deuteronomy 33:27)

영원하신 하나님이 너희의 피난처이다(신 33:27)

✔ eternal은 God을 수식하는 형용사이다.

---

573 powerful [páuərfəl] more powerful - most powerful

형 세력있는, 유력한, 강한
powerful leader 유력한 지도자

And David became more and more **powerful** because the LORD God Almighty was with him(2 Samuel 5:10)

다윗은 점점 강해졌습니다. 만군의 하나님 여호와께서 다윗과 함께 하셨기 때문입니다(삼하 5:10)

✔ 비교급 and 비교급 은 '점점 더' 라는 의미를 가진다.

574 trustworthy [trʌ́stwə́ːrði]
more trustworthy - most trustworthy

(형) 믿을 수 있는, 든든한

Your words are trustworthy(2 Samuel 7:28)

주님의 말씀은 진리입니다(삼하 7:28)

---

575 spacious [spéiʃəs]
more spacious - most spacious

(형) 넓디 넓은, 광대한, 넓은

He brought me out into a spacious place(2 Samuel 22:20)

주께서 나를 피난처로 이끄시며(삼하 22:20)

---

576 blameless [bléimlis]

(형) 죄 없는, 결백한(=innocent)

To the blameless you show yourself blameless
(2 Samuel 22:26)

선한 사람에게 선을 베푸십니다(삼하 22:26)

✔ the blameless는 blameless people이다.

---

577 everlasting [èvərlǽstiŋ]

(형) 영원한(=eternal) 끊임 없는
everlasting fame 불후의 명성

Has he not made with me an everlasting covenant?
(2 Samuel 23:5)

하나님께서는 나와 영원한 약속을 맺어 주셨고(삼하 23:5)

578 **instead** [instéd]

(부) 대신에, 대신으로
instead of ~대신에

But he refused to drink it; **instead** he poured it out before the LORD(1 Chronicles 11:18)

하지만 다윗은 그 물을 마시지 않고 여호와께 부어 드렸습니다 (대상 11:18)

✔ refuse 다음에는 동명사(drinking)이 아니라 부정사(to drink)가 온다.

---

579 **honorable** [ánərəbəl]
more honorable - most honorable

(형) 존경할 만한, 훌륭한, 고귀한(=noble)
honorable conduct 훌륭한 행위

Jabez was more **honorable** than his brothers
(1 Chronicles 4:9)

야베스는 다른 형제들보다 더 존경을 받았습니다(대상 4:9)

✔ 형용사 끝이 able, ive, less, ous로 끝나면 앞에 more를 써서 비교급을 만든다.

---

580 **discouraged** [diskə́:ridʒd]
more discouraged - most discouraged

(형) 용기 잃은, 낙담된, 실망한
Don't be discouraged 낙심하지 마라

Don't be afraid: do not be **discouraged**
(Deuteronomy 31:8)

두려워하지 마라, 걱정하지 마라(신 31:8)

581 **willing** [wíliŋ]

(형) 기꺼이~하는, 마음이 내키는
willing or unwilling 싫든 좋든 간에

And serve him with whole hearted devotion and with a **willing** mind(1 Chronicles 28:9)

마음을 다하여 기쁨으로 하나님을 섬겨라(대상 28:9)

---

582 **personal** [pə́:rsənəl]

(형) 개인의(=individual), 역사적인, 본인의
a personal history 이력, 경력

I now give my **personal** treasures of gold and silver for the temple of my God(1 Chronicles 29:3)

오직 하나님의 성전 짓기를 바라는 마음으로 내가 가지고 있던 은과 금도 바쳤습니다(대상 29:3)

✔ personal은 treasure를 수식하는 형용사이다.

---

583 **exceedingly** [iksí:diŋli]

(부) 대단히, 매우, 몹시 | (형) exceeding 과도한, 대단한, 굉장한

The LORD his God, was with him and made him **exceedingly** great(2 Chronicles 1:1)

여호와께서 그와 함께 계셨기 때문에 솔로몬을 위대한 왕으로 만드셨습니다(대하 1:1)

✔ made him great는 5형식 구조 문장이다.

---

584 **according** [əkɔ́:rdiŋ]

(전) ~에 따라서, ~의해서
according to ~에 따라, ~에 일치하여

Forgive and deal with each man **according** to all he does(2 Chronicles 6:30)

그들의 한 일대로 그들에게 갚아 주십시오(대하 6:30)

✔ all과 he 사이에는 관계대명사 that이 생략되어 있다.

585 **attentive** [əténtiv] more attentive - most attentive

(형) 주의 깊은, 조심성 있는, 친절한(=polite, thoughtful)

Now my God, may your ears be **attentive** to the prayers(2 Chronicles 6:40)

나의 하나님이여, 이곳에서 드리는 기도를 들어 주십시오(대하 6:40)

---

586 **faithfully** [féiθfəli] more faithfully - most faithfully

(형) 충실히, 성실히

You have acted **faithfully** while we did wrong (Nehemiah 9:33)

우리는 죄를 많이 지었지만 주는 진실히 행하셨다(느 9:33)

✔ have acted는 현재완료이다.

---

587 **upright** [ʌ́pràit]

(형) 정직한, 공정한, 똑바른
an upright person 정직한 사람

This man was blameless and **upright**(Job 1:1)

그 사람은 흠이 없고 정직했으며(욥 1:1)

✔ S+V+C 구조를 가진 2형식 문장이다.

---

588 **naked** [néikid]

(형) 벌거벗은
the naked ape 벌거벗은 원숭이
with naked fists 맨손으로

"**Naked** I came from my mother's womb, and naked I will depart."(Job 1:21)

"내 어머니 태에서 벌거벗은 채로 나왔으니, 벌거벗은 채로 돌아갈 것입니다."(욥 1:21)

589 innocent [ínəsnt] more innocent - most innocent

ㆅ 순결한, 죄없는, 결백한
innocent children 천진난만한 아이들

Who, being innocent, has ever perished?(Job 4:7)

죄 없이 망한 자가 있던가?(욥 4:7)

✔ has perished의 주어는 who이다.

590 mortal [mɔ́ːrtl]

ㆅ 죽을 운명의, 인간, 사람
the mortal hour 임종
a mortal wound 치명상

Can a mortal be more righteous than God?(Job 4:17)

사람이 어떻게 하나님 앞에 의로울 수 있느냐?(욥 4:17)

591 prosperous [práspərəs]
more prosperous - most prosperous

ㆅ 번창하는, 부유한
a prosperous business 번창하고 있는 장사

Your beginnings will seem humble, so prosperous
will your future be(Job 8:7)

지금은 보잘것없이 시작하겠지만 나중에는 위대하게 될 걸세(욥 8:7)

592 profound [prəfáund]

ㆅ 깊은, 깊이 있는, 조예 깊은
profound knowledge 박식

His wisdom is profound, his power is vast(Job 9:4)

하나님은 마음이 지혜로우시고 힘이 강하시다(욥 9:4)

✔ S+V+C 구조를 가진 2형식이며 profound, vast는 서술적 용법
이다.

593 barren [bǽrən]

(형) 열매없는, 불모의(=unfruitful)

The company of the godless will be barren(Job 15:34)

악한 자는 자손을 얻지 못하고(욥 15:34)

---

594 whatever [hwatévə:r]

(형) 무엇이나, 어떤 것이나

Whatever he does prospers(Psalms 1:3)

그가 하는 일마다 다 잘 될 것입니다(시 1:3)

✔ whatever는 복합관계대명사이며 '무엇이든지' 라고 해석한다.

---

595 helpless [hélplis] more helpless - most helpless

(형) 무력한, 의지할 곳 없는, 무능한
a helpless invalid 몸을 자유로이 움직일 수 없는 환자

Don't forget the helpless(Psalms 10:12)

힘 없는 자들을 잊지 마소서(시 10:12)

✔ the helpless는 helpless people 이며 '가난한 자' 라고 해석한다.

---

596 secure [sikjúə:r] securer - securest

(형) 안전한, 튼튼한, 분명한
a secure fortress 난공불락의 요새

You have made my lot secure(Psalms 16:5)

여호와는 내가 받을 몫을 안전하게 보호해 주십니다(시 16:5)

✔ S+V+O+O.C 구조를 가진 5형식 문장이다.

---

597 quiet [kwáiət] quieter - quietest

(형) 고요한, 잔잔한, 편안한
on the quiet 비밀로, 은밀히
as quiet as a mouse 쥐죽은 듯 조용한

He leads me beside quiet waters(Psalms 23:2)

여호와는 나를 잔잔한 물가로 이끌어 쉬게 하시며(시 23:2)

598 **though** [ðou]

㉕ ~에도 불구하고, ~이지만
It will be difficult, though possible 어려울 것이다. 가능은
하겠지만

Even though I walk through the valley of the shadow
of death(Psalms 23:4)

내가 음산한 죽음의 골짜기를 지나가게 된다 하더라도(시 23:4)

✔ shadow는 of death 때문에 앞에 the를 썼다.

599 **lonely** [lóunli]

㉖ 쓸쓸한, 외로운, 떨어진
a lonely exite 외로운 유랑자
a lonely wood 인가에서 떨어진 집

Turn to me and be gracious to me, for I am lonely and
afflicted(Psalms 25:16)

나를 돌아보시고 불쌍히 여겨 주소서. 내가 외롭고 괴롭습니다
(시 25:16)

600 **firm** [fə:rm] firmer - firmest

㉖ 굳은, 견고한, 단호한
firm muscles 단단한 근육

O LORD when you favored me, you made my
mountain stand firm(Psalms 30:7)

여호와께서 나에게 은혜를 베푸셨을 때, 주는 산처럼 굳게 세우시고
(시 30:7)

✔ when 이하는 때를 나타내는 부사절이다.

Check up (551~600)

A

주어진 단어의 뜻을 우리말로 쓰세요.

1. simple __________   2. evil __________

3. clearly __________   4. majestic __________

5. eternal __________   6. blameless __________

7. personal __________   8. everlasting __________

9. upright __________   10. helpless __________

B

주어진 뜻에 따라 빈칸에 알맞은 단어를 쓰세요.

1. 바위같이 견고한   as f________ as a rock

2. 박식   p________ knowledge

3. ~에 따라, 일치하여   a________ to

4. 낙심하지 말아라   Don't be d________

5. 유력한 지도자   p________ leader

해답 236쪽

C

짝지어진 두 단어의 관계가 나머지 것과 다른 것을 고르세요.

1. ① abundant – abundance ② courageous – encourage
   ③ powerful – power ④ jealous – jeal

2. ① evil – good ② simple – compley
   ③ spacious – space ④ blameless – guilty

D

주어진 단어의 뜻으로 가장 알맞은 것을 고르세요.

1. **lonely** ① 단호한 ② 강한 ③ 쓸쓸한 ④ 넓은

2. **though** ① 생각 ② 통하여 ③ 철저한 ④ 불구하고

3. **barren** ① 비옥한 ② 불모의 ③ 편안한 ④ 사랑하는

4. **profound** ① 심오한 ② 부유한 ③ 잔잔한 ④ 공정한

5. **faithful** ① 순결한 ② 안전한 ③ 충실한 ④ 풍성한

6. **attentive** ① 정직한 ② 주의깊은 ③ 단호한 ④ 고귀한

7. **exceedingly** ① 대단히 ② 끊임없는 ③ 강하게 ④ 쓸쓸히

8. **honorable** ① 결백한 ② 불모의 ③ 존경할만한 ④ 가능한

9. **trustworthy** ① 믿을 수 없는 ② 용기 있는 ③ 어두운 ④ 가능한

10. **majestic** ① 시기하는 ② 위엄있는 ③ 밝은 ④ 신성한

Part 4
부록

중요 불규칙 동사 일람표
시험 빈출 속담
듣기 시험 필수 암기 단어, 문장
Check up 해답지

현재	과거	과거분사
abide	abided	abided
arise	arose	arisen
awake	awoke	awaken
bear	bore	born, borne
beat	beat	beaten
become	became	become
begin	began	begun
bend	bent	bent
bet	bet	bet
bid	bade	bidden
bind	bound	bound
blow	blew	blown
break	broke	broken
eat	ate	eaten
fall	fell	fallen
feed	fed	fed
feel	felt	felt
fight	fought	fought
find	found	found
found	founded	founded
flee	fled	fled
fly	flew	flown
forbid	forbade	forbidden
forecast	forecast	forecast
foresee	foresaw	foreseen
forgive	forgave	forgiven

현재	과거	과거분사
freeze	froze	frozen
get	got	got
give	gave	given
go	went	gone
grind	ground	ground
grow	grew	grown
hang	hanged / hung	hanged / hung
hear	heard	heard
hide	hid	hidden
hit	hit	hit
overcome	overcame	overcome
overdrink	overdrank	overdrunk
overeat	overate	overeaten
pay	paid	paid
prove	proved	proved
read	read	read
sow	sowed	sowed
speak	spoke	spoken
spend	spent	spent
spild	spilt	spilt
spread	spread	spread
spring	sprang	sprung
stand	stood	stood
steal	stole	stolen
stride	strode	stridden

현재	과거	과거분사
strive	strove	striven
swear	swore	sworn
sweat	sweat	sweat
sweep	swept	swept
swim	swam	swum
take	took	taken
teach	taught	taught
tear	tore	torn
tell	told	told
think	thoght	thought
throw	threw	thrown
tread	trod	trodden
understand	understood	understood
uphold	upheld	upheld
upset	upset	upset
wake	woke	waken
wear	wore	worn
win	won	won
withdraw	withdrew	withdrawn
wrap	wrapped	wrapped
write	wrote	written

1. A friend in need is a friend indeed.
   어려울 때 친구가 진정한 친구이다.

2. Actions speak louder than words.
   말보다 행동이 중요하다.

3. All that glitters is not gold.
   반짝이는 것이라고 해서 모두 금은 아니다.

4. A bad workman blames his tools.
   무능한 직공이 연장을 나무란다.

5. A bird in the hand is worth two in the bush.
   손안에 새 한 마리가 덤불 속의 두 마리만큼 값지다.

6. All is well that ends well.
   끝이 좋으면 다 좋다.

7. A drowning man will catch at a straw.
   물에 빠진 사람은 지푸라기라도 잡으려 한다.

8. A stitch in time saves nine.
   제때의 한 땀이 아홉 땀을 덜어준다.

9. A rolling stone gathers no moss.
   구르는 돌에는 이끼가 끼지 않는다.

10. A picture is worth a thousand words.
    천 마디 말보다 한 번 보는 것이 낫다.

11. Better late than never.
    늦는 것이 안 가는 것보다 낫다.

12. Blood is thicker than water.
    피는 물보다 진하다.

13. Birds of a feather flock together.
    같은 깃털의 새가 함께 모인다.

14. Do to others as you would be done by.
남에게 받고 싶은 대로 해 주어라.

15. Don't put all your eggs in one basket.
한 가지 일에 모든 것을 걸지 마라.

16. Don't count your chickens before they are hatched.
병아리가 부화되기 전에 수를 세지 말아라.

17. Every man knows his own business best.
각자 스스로의 일은 자신이 가장 잘 안다.

18. Every cloud has a silver lining.
쥐구멍에도 빛 뜰 날이 있다.

19. Hunger is the best sauce.
시장이 반찬이다.

20. Haste makes waste.
서두르면 일을 그르친다.

21. It never rains without pouring.
비가 오기만하면 억수같이 퍼 붓는다.

22. Ignorance is bliss. 모르는 게 약이다.

23. Look before you leap. 뛰기 전에 살펴봐라.

24. Many drops make a shower.
작은 물방울이 소나기를 이룬다.

25. No news is good news. 무소식이 희소식이다.

26. Never judge by appearances.
겉모습으로 파단하지 마라.

27. No pains, no gains.
고통 없이는 얻는 것도 없다.

28. Nothing ventured, Nothing gained.
모험하지 않으면 아무것도 얻지 못한다.

29. Out of sight, out of mind.
눈에서 멀어지면 마음도 멀어진다.

30. Practice makes perfect.
연습이 완벽을 만든다.

31. Rome was not built in a day.
로마는 하루아침에 이루어지지 않았다.

32. Strike while the iron is hot.
쇠는 달았을 때 두드린다.

33. Slow and steady wins the race.
천천히, 꾸준한 것이 경주에서 이긴다.

34. Spare the rod, and spoil the child.
매를 아끼면 아이를 망친다.

35. The pot calls the kettle black.
냄비가 주전자 보고 까맣다고 한다.

36. Time flies like an arrow.
시간은 화살과 같다.

37. Two heads are better than one.
두 사람 머리가 한 사람의 머리보다 낫다.

38. The early bird catches the worms.
일찍 일어나는 새가 벌레를 잡아먹는다.

39. Too many cook, spoil the broth.
요리사가 너무 많으면 국을 망친다.

40. Well begun is half done.
시작이 좋으면 반은 끝난 것이다.

1. 길을 알려줄 때 자주 등장하는 표현

- next to …옆에   behind …뒤에   past 지나서
  in the middle of …가운데 in front of …앞에
  across from 맞은편에 on the opposite side of …반대편에
  intersection 교차로
- block 블록 traffic light 신호등 crossing(cross walk) 횡단보도
  side walk 인도

A: Excuse me, How do I get to the museum?
    실례합니다. 박물관에 어떻게 갑니까?
B: Turn right at the first corner. It's on your left.
    첫 번째 모퉁이에서 오른쪽으로 도십시오. 당신의 오른쪽에
    있어요.

A: Excuse me, where can I find the post office?
    실례합니다. 우체국이 어디 있나요?
B: Go straight ahead about 3 minute. It's on your left.
    약 3분만 곧장 가세요. 당신의 오른쪽에 있습니다.

2. 수와 시간에 관련된 주요 표현

❶ 수와 관련
How much is it? 얼마니?
It's $5 for your child. 어린이는 5달러입니다.
You will get a 40% discount. 40% 할인됩니다.
This meat is $10 a pound. 이 고기는 파운드에 10달러입니다.
It's 200 a night, including breakfast.
　　마침 식사 포함하여 하룻밤에 200달러입니다.
May I have change for a five-dollar bill?
　　5달러 잔돈 좀 바꿔 주세요.
Here's your change. 잔돈 여기 있습니다.
The speed limit is 40 miles an hour.
　　제한 속도는 40마일입니다.

❷ 수와 관련
What time(when) shall we make it? 몇 시에 만날까요?
What about meeting at 7 O'clock? 7시에 만나는 게 어때요?
It takes me about 50 minutes to get to the bus stop.
　　내가 버스 정거장까지 가는데 약 50분 걸립니다.
When is the most convenient time for you?
　　당신은 언제 가장 편안하십니까?
I'll be back in 20 minutes. 20분 안에 돌아가겠습니다.
half an hour 30분
an hour and a half 1시간 30분
five-fifteen 5시 15분
six forty-five 6시 45분

3. 전화 대화할 때

❶ 전화대화 필수 표현
May(can) I speak to~? ~있어요?
Is Tom there? 탐 있어요?
Hello, this is John. 안녕하세요, 저는 존입니다.
May I take your message? 전하실 말씀 있으세요?

❷ 고객지원센터 직원과 고객 간의 대화
A: Hello, IG Electronics. May I help you?
   IG전자입니다. 무엇을 도와 드릴까요?
B: Hi, we need to have a repair person come over here.
   안녕하세요. 수선공 좀 보내주세요.

❸ 호텔직원과 투숙객 간의 전화
A: Hello, reception, How may I help you?
   수납계입니다. 무얼 도와 드릴까요?
B: This is Steve kim in room 1415.
   여기는 1415호 스티브킴입니다.

❹ 구입업체와 구직자 간의 대화구입업체와 구직자 간의 대화
A: Han's Restaurant, can I help you?
   한스 식당입니다. 무얼 도와 드릴까요?
B: Yes, I'm calling about your advertisement, Are you still
   looking for people?
   저는 광고 보고 전화 드렸어요. 지금도 사람 구하시나요?

4. 이유를 묻는 표현

- What problem is that? 문제가 무엇입니까?
- What happened? 무슨 일이니?
- What's the matter? 무슨 일이니?
- What's the occassion? 무슨 일이니?
- What for? 왜?
- How come? 왜?

❶ 감정에 대한 이유
  A: How was your day?
     어때 잘 지냈니?
  B: Not so good. In fact, I'm a little upset.
     썩 좋지 않아. 사실 나 조금 기분이 안 좋아.
  A: Why? What happened?(2002년 수능)
     그래, 무슨 일 있었는데?

❷ 행동에 대한 이유
  A: I'd like to discuss a problem I am having in your class.
     나는 너의 교실에서 생긴 문제에 대해 의논하고 싶어.
  B: What problem is that?
     무슨 일인데?
  A: Well, I want to talk more, but my pronunciation is terrible(2003 수능)
     글쎄, 더 말하고 싶은데 발음이 좋지 않아.

5. 표현 뒤에 행동

❶ 이런 표현 뒤에는 긍정적 표현이 온다.
That sounds like a great idea. 좋은 생각인 것 같아.
OK, May be I will. 그래, 좋아.
of course 물론
It sounds like fun. 재미있겠다.
Maybe that one is the best, Let's get it.
　　아마 그게 좋은 것 같아. 그렇게 하자.
Ok, I will take it. 좋아, 내가 그걸 살게.
Then we'd better hurry, let's go. 그러면 서두르자, 가자.
That sounds nice. 좋은 생각이야.

❷ 이런 표현 뒤에는 부정적 표현이 온다.
I'd love to, but …하고 싶은데
I wish I could, but …하고 싶지만
I'm sorry, but 미안해 하지만…
I'm very sorry about that. 그 점에 대해 안됐다.
That's nice of you, but maybe some other time.
　　매우 고맙지만, 다음에 해야 할 것 같아.
Do you have any other idea? 다른 것은 어때?
That may be good, but 좋은 것 같은데, 그런데…
You may be right, but 네가 옳을지도 몰라, 하지만…

6. 부탁하기

A: Could you fix my radio?
　　이 라디오 고칠 수 있습니까?
B: certainly, sir.
　　물론이죠. 선생님.

A: Could you help me move the desk?
　　책상 옮기는 것 도와주실래요?
B: Sure, where do you want to put it?
　　물론이죠. 어디에 그것을 놓길 원해요.

A: Do you want to try chinese food today?
　　너 오늘 중국음식 먹고 싶니?
B: Sure, where do you suggest?
　　물론, 너는 어디를 제안 할래?

A: Will you show me your album?
　　네 앨범을 보여 주겠니?
B: Sure, Here it is.
　　물론 여기 있어.

A: Shall we put the TV under the window?
TV를 창문 아래 놓을까?
B: No, I don't think so, It's too bright over there.
아니, 그러지 말자, 저쪽이 너무 밝아.

A: Shall we take a seat over there?
저기 자리에 앉을까?
B: Let's go.
가자.

A: Why don't you play the piano?
피아노 치는 게 어때?
B: Sounds great.
그거 신나겠다.

A: Why don't you meet at 5:00 on Sunday?
일요일 3시에 만나는 것이 어때?
B: That's fine with me.
나는 좋아.

A: Would you like to go hiking today?
오늘 하이킹 갈까?
B: Actually, I don't feel like hiking today.
실은 나는 오늘 하이킹 가기 싫어.

8. 전화에 대하여

❶ 전화목적 말하기

A: HaNa Restaurant. How may I help you?
　　HaNa Restaurant입니다. 어떻게 도와 드릴까요?

B: I am calling about the reservation I made last week.
　　제가 지난주 한 예약을 확인하려고 전화했어요.

❷ 전화 잘못 걸었을 때

A: Isn't this 475-9927?
　　이 번호가 475-9927이죠?

B: No, I think you have the wrong number.
　　아니오, 전화 잘못 거셨습니다.

❸ 전화 메시지 남기기

A: Sorry, he is not here now.
　　죄송합니다만 그는 지금 여기 없어요.

B: Can I leave a message?
　　메시지를 남길 수 있을까요?

❹ 메시지 받기

A: Can I take a message?
　　메시지를 남기시겠어요?

B: Yes, could you please tell him that I'll call again at 5?
　　예, 5시에 다시 전화하겠다고 그녀에게 전해 주시겠어요?

9. 대화문, 담화문

❶ road signs
They tell you what you should do or should not do while walking or driving(2001수능)
　　　저 표지판에는 걷거나 운전할 때 해야 할 것과 하지 말아야 할 것을 말해주고 있습니다.

❷ 외국 여행 시 유의점
There are few things you should keep in your mind when you travel in another country(1999수능)
　　　당신이 해외를 여행할 때 명심해야 할 몇 가지가 있습니다.

❸ 뒤에 올 수 있는 응답
I'll get you something cold to drink(2003 수능)
　　　내가 너에게 찬 것 좀 줄게.
I'm really thirsty, thanks.
　　　목마른데 고마워.

❹ 다른 약속 있을 때
Sorry, I have another appointment. Maybe some other time?
　　　미안하지만 다른 약속 있어. 다음에 어떨까?

❺ 친구가 노트를 빌려줄 때
Thanks for coming and for your note book, too.
　　　와서 노트까지 빌려줘서 고마워.

❶ 추측하기
> A: Tom must be the man wearing a yellow jacket.
> Tom은 노란색 재킷을 입고 있는 사람임에 틀림없어.
> B: That's right.
> 맞아.

❷ 불평하기
> A: I'm not satisfied with the service in this store.
> 나는 가게 서비스가 마음에 들지 않습니다.
> B: I'm terribly sorry about that.
> 그 점에 대해 대단히 죄송합니다.

❸ 의견 묻기
> A: What do you think of quiz shows, Tom?
> 퀴즈 쇼에 대해 어떻게 생각하니?
> B: I love them.
> 나는 퀴즈 쇼가 좋아.

❹ 증세 묻기
> A: What's the problem?
> 어디 아프신가요?
> B: I have a fever.
> 열이 나요.

❺ 외모 묻기
> A: What does she look like?
> 그녀는 어때 보이니?
> B: Well, she's tall and slim.
> 글쎄, 그녀는 키가 크고 날씬해.

‖ 1~40 (page 20)

A ··· 1. 지구 2. 땅, 육지 3. 옷 4. 국가 5. 성공 6. 고통 7. 당신 자신
8. 제자 9. 땅, 육지 10. 년, 해

B ··· 1. year 2. rock 3. sight 4. land 5. soul

C ··· 1. ④ 2. ③

D ··· 1. ④ 2. ④ 3. ② 4. ② 5. ① 6. ② 7. ③ 8. ③ 9. ② 10. ②

‖ 41~80 (page 32)

A ··· 1. 저녁 2. 입 3. 무덤, 묘지 4. 말, 연설 5. 목적
6. 돌봄, 걱정, 관심 7. 과정 8. 수확 9. 승리 10. 우아

B ··· 1. fruit 2. victory 3. joy 4. work 5. length

C ··· 1. ③ 2. ③

D ··· 1. ⑩ 2. ① 3. ② 4. ⑧ 5. ⑥ 6. ④ 7. ⑤ 8. ③ 9. ⑦ 10. ⑨

‖ 81~120 (page 44)

A ··· 1. 행복 2. 눈물 3. 행위 4. 풀, 잔디 5. 무엇인가 6. 손님
7. 남편 8. 필요로 하다 9. 감각 10. 친구

B ··· 1. example 2. pain 3. accordance 4. company 5. sense

C ··· 1. ③ 2. ④

D ··· 1. ② 2. ① 3. ② 4. ① 5. ④ 6. ④ 7. ① 8. ① 9. ④ 10. ①

‖ 121～160 (page 56)

A ··· 1. 채소 2. 재산, 부 3. 신앙심이 없는 사람 4. 천국 5. 수고 6. 후손
7. 이슬 8. 시초, 첫머리 9. 이익 10. 전염병, 재앙

B ··· 1. idol 2. compulsion 3. darkness 4. faithfulness 5. distress

C ··· 1. ② 2. ④

D ··· 1. ② 2. ③ 3. ① 4. ① 5. ③ 6. ④ 7. ③ 8. ② 9. ② 10. ①

‖ 161～200 (page 68)

A ··· 1. 기둥 2. 유산 3. 동기 4. 현재 5. 불명예 6. 죄 7. 요청
8. 성인 9. 구조, 구제 10. 요구, 청구

B ··· 1. favor 2. death 3. safety 4. spark 5. disgrace

C ··· 1. ② 2. ④

D ··· 1. ② 2. ③ 3. ① 4. ② 5. ③ 6. ① 7. ② 8. ② 9. ① 10. ③

‖ 201～220 (page 76)

A ··· 1. 분수 2. 목마름 3. 칼 4. 폭풍 5. 비둘기 6. 혀 7. 희생
8. 칭찬 9. 창조물 10. 경멸

B ··· 1. razor 2. tempest 3. praise

C ··· 1. ④ 2. ④

D ··· 1. ④ 2. ③ 3. ① 4. ① 5. ④ 6. ① 7. ② 8. ① 9. ② 10. ③

‖ 221~260 (page 92)

A ⋯ 1. 만들다 2. 주다 3. 증가하다 4. 들어 올리다 5. 빛나다
6. 인도하다 7. 묻다 8. 생산하다 9. 잊다 10. 대답하다

B ⋯ 1. waste 2. wait 3. return 4. see 5. stand

C ⋯ 1. ② 2. ③

D ⋯ 1. ③ 2. ④ 3. ④ 4. ① 5. ② 6. ② 7. ② 8. ① 9. ③ 10. ③

‖ 261~300 (page 106)

A ⋯ 1. 기록하다 2. 듣다 3. 그리다, 매혹시키다 4. 참여하다 5. 받다
6. 지불하다 7. 사랑하다 8. 놓다 9. 이기다 10. 이해하다

B ⋯ 1. teach 2. watch 3. sing 4. store 5. shout

C ⋯ 1. ④ 2. ②

D ⋯ 1. ② 2. ② 3. ① 4. ② 5. ④ 6. ④ 7. ① 8. ② 9. ① 10. ①

‖ 301~340 (page 120)

A ⋯ 1. 빌리다 2. 입다(끼다) 3. 성공하다 4. 운전하다 5. 초대하다
6. 고치다 7. 고대하다 8. 계속하다 9. 두드리다 10. 판단하다

B ⋯ 1. press 2. save 3. set 4. believe 5. perish

C ⋯ 1. ④ 2. ②

D ⋯ 1. ② 2. ② 3. ① 4. ④ 5. ② 6. ① 7. ① 8. ② 9. ② 10. ③

341～380 (page 134)

A ··· 1. 바라다 2. 창조하다 3. 경멸하다 4. 뻗다 5. 고치다
6. 거역하다 7. 버리다 8. 채우다 9. 소집하다 10. 배달하다

B ··· 1. form 2. restore 3. swallow 4. ascend 5. pray

C ··· 1. ③ 2. ②

D ··· 1. ② 2. ③ 3. ① 4. ① 5. ② 6. ③ 7. ② 8. ③ 9. ① 10. ③

381～420 (page 148)

A ··· 1. 확대시키다 2. 거주하다 3. 지식 4. 위임하다 5. 뿌리다
6. 유지하다 7. 죽이다 8. 상처 입히다 9. 수행하다 10. 위로하다

B ··· 1. remain 2. crushed 3. slip 4. repent 5. overthrow

C ··· 1. ② 2. ④

D ··· 1. ① 2. ③ 3. ② 4. ③ 5. ① 6. ① 7. ② 8. ③ 9. ③ 10. ③

421～470 (page 164)

A ··· 1. 압도하다 2. 되돌려 주다 3. 밀착하다 4. 쇠퇴하다
5. 게걸스럽게 먹다 6. 던지다 7. 소환하다 8. 진정시키다
9. 의지하다 10. 소중히 여기다

B ··· 1. embrace 2. compare 3. prolong 4. preserve 5. proclaim

C ··· 1. ④ 2. ②

D ··· 1. ③ 2. ① 3. ② 4. ③ 5. ③ 6. ② 7. ① 8. ② 9. ③ 10. ②

|| 471~510 (page 180)

A ··· 1. 약한 2. 대단한 3. 신중한 4. 사이에 5. 향하여 6. 텅 빈
7. 밑에 8. 사이에 9. 정말로 10. 상냥한

B ··· 1. gentle 2. straight 3. young 4. most 5. proud

C ··· 1. ④ 2. ②

D ··· 1. ② 2. ① 3. ② 4. ① 5. ③ 6. ③ 7. ① 8. ④ 9. ③ 10. ①

|| 511~550 (page 196)

A ··· 1. 무거운 2. 충분한 3. 시끄러운 4. 가능한 5. 그렇지 않으면
6. 또 하나의 7. 다른 8. 전에 9. 앞으로 10. 사랑하는

B ··· 1. useful 2. deep 3. drunk 4. whether 5. without

C ··· 1. ③ 2. ①

D ··· 1. ② 2. ③ 3. ① 4. ② 5. ① 6. ② 7. ② 8. ③ 9. ④ 10. ②

|| 551~600 (page 212)

A ··· 1. 간단한 2. 나쁜 3. 분명히 4. 위엄있는 5. 영원한 6. 결백한
7. 개인적인 8. 영원한 9. 정직한 10. 무력한

B ··· 1. firm 2. profound 3. according 4. discouraged 5. powerful

C ··· 1. ② 2. ③

D ··· 1. ③ 2. ④ 3. ② 4. ① 5. ③ 6. ② 7. ① 8. ③ 9. ① 10. ②